1 日本列島に人々がやってきた

? 日本列島に到達した人々はどのように生活を送っていったのだろうか。

1 人類の進化

・約700万年前，❶＿＿＿＿で誕生した人類が世界各地へ広がる
・猿人・原人・旧人・❷＿＿＿＿が現れ，枝分かれしていったが，最終的には現生人類である❷＿＿＿＿（ホモ＝サピエンス）だけが生き残る

2 日本列島にたどりついた人々

①人々がたどりついた頃の日本列島
・海面水位の下降により，日本列島は一部がアジア大陸と地続きに
　→マンモスや❸＿＿＿＿などの大型の哺乳類が渡ってくる
・約４万年前に❷＿＿＿＿が日本列島へやってくる
　→これから縄文時代までの約２万5000年間が日本の❹＿＿＿＿時代
・日本の❹＿＿＿＿時代は，約３万年前の❺＿＿＿＿の巨大噴火を境に，前半と後半に分かれる

②日本列島に住んでいた人々のルーツ
・みつかっている化石人骨は沖縄県の❻＿＿＿＿や，静岡県の❼＿＿＿＿など，みな❷＿＿＿＿に属する
・古くからアジア大陸南部に住んでいた人々の子孫が縄文人
　→弥生時代以降，北アジアの人々と混血をくりかえして現在の日本人が形成

3 寒冷な環境

・過去70万年間の地球…約10万年単位で寒冷な時期と温暖な時期をくりかえす
・現在は完新世だが，日本列島へ人類がやってきた約４万年前は❽＿＿＿＿に属す
　→寒冷な❾＿＿＿＿…現在よりも平均気温が６～７℃も低い

4 人々のくらし

①食料と生活
・動物を追って❿＿＿＿＿する生活を営む…数家族，数十人程度の小規模な集団で⓫＿＿＿＿していたと考えられる
　→約２万年前に❸＿＿＿＿などの大型哺乳類は姿を消し，シカやイノシシなど中型の哺乳類が狩りの対象に

②くらしに使われた道具
・大半が石を打ち割る，あるいは押しはがしてつくる⓬＿＿＿＿石器
　→切れ味の良い⓭＿＿＿＿が重宝される…産地が限られるため，遠くまで運ばれることも

❺のヒント　現在の鹿児島湾北部。噴火によって直径約20kmの巨大な凹地（カルデラ）となり，噴出した火山灰は日本列島各地に降り積もった。

❾のヒント　現在よりもはるかに広く氷河が発達していた時代。水が氷河として陸に固定されるため海面が低下し，現在の海峡の一部が陸になり，大陸と地続きとなった。

⓭のヒント　天然のガラスで破片が鋭いことから，石器の材料に使われた。

資料から考えてみよう

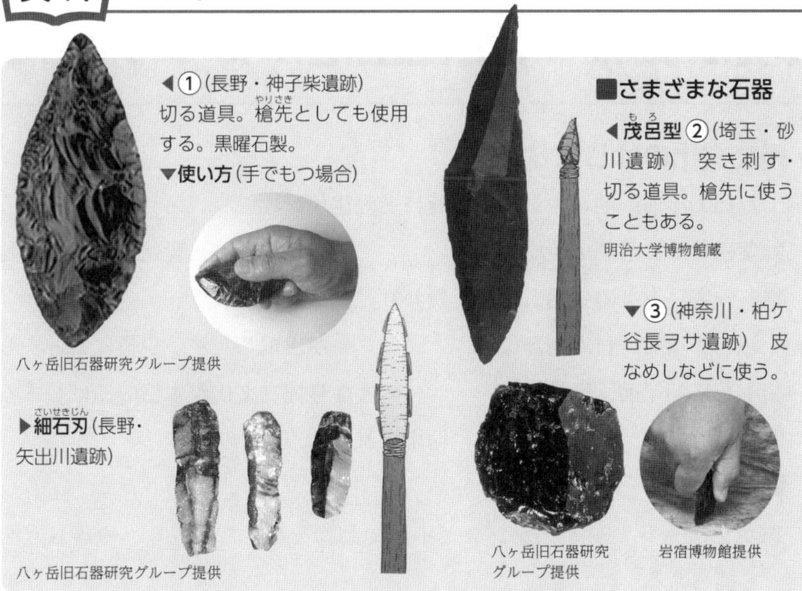

◀①(長野・神子柴遺跡) 切る道具。槍先(やりさき)としても使用する。黒曜石製。

▼使い方(手でもつ場合)

八ヶ岳旧石器研究グループ提供

■さまざまな石器

◀茂呂型(もろがた)②(埼玉・砂川遺跡) 突き刺す・切る道具。槍先に使うこともある。

明治大学博物館蔵

▼③(神奈川・柏ケ谷長ヲサ遺跡) 皮なめしなどに使う。

▶細石刃(さいせきじん)(長野・矢出川遺跡)

八ヶ岳旧石器研究グループ提供

八ヶ岳旧石器研究グループ提供

岩宿博物館提供

問1 ①の石器の名前を答えよう。

(　　　　　　　　)

問2 ②の石器の名前を答えよう。

(　　　　　　　　)

問3 ③の石器の名前を答えよう。

(　　　　　　　　)

問4 細石刃はどのように使用したのか，図を参考に考えてみよう。

問いにチャレンジ

①旧石器時代の特徴はどのような点にあったのだろうか。

何を食料資源としていたのか，また食料を得るためにどのように工夫したのか考えてみよう。

②気候環境は人々のくらしにどのような影響を与えていたのだろうか。

1　環境の変化によって動物の生態はどう変化したか考えてみよう。

2　生態の変化によって狩猟の方法はどのように変わったのか考えてみよう。

クイズQ 日本の旧石器時代の遺跡数はいくつ？　①約600　②約3,200　③約14,500

2

2 環境が変わり，定住生活がはじまった

? 温暖化によって人々の生活はどのように変化したのだろうか。

❷のヒント　常緑広葉樹が中心の森林。シイやカシが多い。ここで採取したドングリなどが重要な食料となった。

❹のヒント　縄文文化になって使われるようになった飛び道具。旧石器時代は動物に尖頭器などを突き刺して捕らえていた。

❼のヒント　一定の場所に住み着く生活。温暖化したことで，豊富な食料資源が長距離移動することなく得られるようになった。

1 縄文文化のはじまり

・約１万1500年前，地球の気候が急速に温暖化（❶＿＿＿＿となる）

→針葉樹林から落葉広葉樹林や❷＿＿＿＿へ変化，生息する動物も一変。人々の生活も大きく変わり，縄文文化が成立

・約１万6500年前，日本列島に❸＿＿＿＿が出現したが，少量にとどまる

→約１万1500年前，❶＿＿＿＿となり縄文文化が本格的にはじまると，❸＿＿＿＿もさかんに使用されるように

2 縄文人のくらし

・狩猟が主流→シカやイノシシなど中型の動物を❹＿＿＿＿や落し穴を使って捕らえる

・クリ・クルミ・トチ・ドングリ（堅果類）などを❺＿＿＿＿し，調理

→調理にアク抜きや煮炊きが必要なため❸＿＿＿＿がさかんに使われる

・魚介類を捕らえる❻＿＿＿＿もさかんにおこなわれる

→貝やサケ・マスなどの海産物が食料になる

→骨角器の釣針や銛頭，網につけた土製や石製のおもり（土錘・石錘）など，豊富な漁具を使用…こうした生活が１万年以上続く

3 定住化と交易

①生活と住まい

・移動する旧石器時代と異なり，縄文時代は❼＿＿＿＿がはじまる

→地面を掘り下げてその上に屋根をかぶせた❽＿＿＿＿に住む

・集落の出現…中央の広場の周りに墓や居住域を設ける（環状集落など）

②資源の確保

・集落に必要な資源を得るため，別の集団と接触する機会が増え，流通がさかんになる。石器や装身具の材料…黒曜石，サヌカイト，ひすい，コハクなど。接着剤…天然の❾＿＿＿＿

4 社会と習俗

①身体加工

・文字のない縄文時代…身体や物質に装飾をほどこす

→成人の犬歯や切歯を抜く❿＿＿＿＿，切歯に刻みをいれる叉状研歯

②埋葬

・一人だけ埋葬する単葬が多い…手足を折り曲げる⓫＿＿＿＿が主流

・祈りを示す道具…女性をかたどった⓬＿＿＿＿や，男性の生殖器をかたどった石棒などがつくられた

資料から考えてみよう

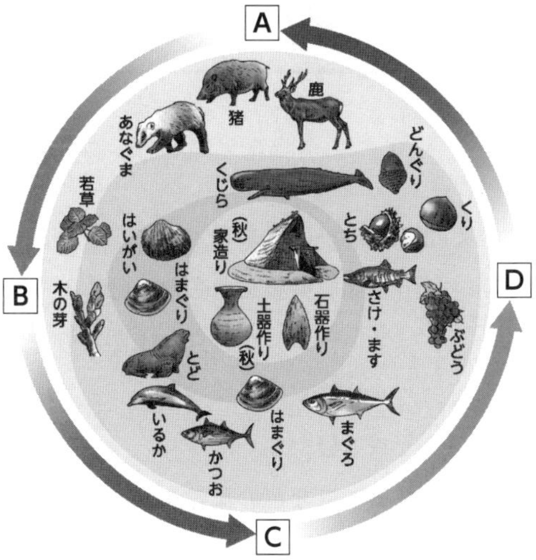

a 草創期	b 早期	c 中期
	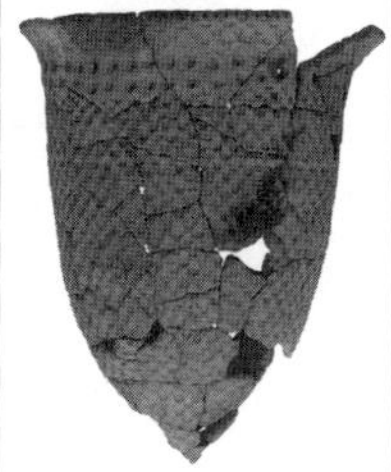	

問1　左の図を見て，春・夏・秋・冬はそれぞれA～Dのどれにあてはまるか選んでみよう。

（A：　　　　）（B：　　　　）

（C：　　　　）（D：　　　　）

問2　左の図を見て，食料資源の確保の特徴を考えてみよう。

問3　右の写真のうち，縄文文化が本格的にはじまった頃の土器をａ～ｃから選ぼう。　（　　　　）

問4　右の写真のｂとｃを比較して，どのように変化したか考えてみよう。

問いにチャレンジ

①縄文文化の特色はどのような点にあるだろうか。前時代と比較して考えてみよう。

気候が変化したことによって，人々のくらしはどう変わったのだろうか。

②縄文時代にはどのような道具が使われたのだろうか。

1　狩猟・採取・漁労と，食料を得る手段ごとに分けて考えてみよう。

狩猟：

採取：

漁労：

2　食料を得るため以外の道具についても説明してみよう。

クイズQ 縄文時代人の平均寿命は？　①約30歳　②約40歳　③約50歳

3

3 農耕がはじまってくらしが変わった

? 農耕がはじまったことで，人々の生活はどのように変化したのか。

ヒエ　イネ科の植物。栄養価が高く，かつては日本の主要な穀物のひとつだった。

奄美群島や沖縄など　沖縄本島では九州の弥生土器がみつかっているが，弥生時代にさかのぼる稲作の証拠はみつかっていない。

北海道　漁労では魚介類だけでなく，クジラやオットセイも資源として利用した。

⓮のヒント　弥生時代前期の終わり頃に出現し，古墳時代までつくられ続けた。１人だけを埋葬したものから10人以上を埋葬した例も存在する。

1 本格的な農耕のはじまり

①農耕がはじまった時期

・中国大陸…日本列島で縄文文化が続く間に農耕がはじまる

→紀元前７世紀～紀元前５世紀の間…九州北部で灌漑をともなう❶＿＿＿＿がはじまり，❷＿＿＿＿が成立，土器も弥生土器へと変化

・紀元前３世紀…九州・四国・九州のほぼ全域で❶＿＿＿＿が広まる

・中部地方から関東地方の台地上など…ヒエ・アワなどの雑穀を栽培

→❸＿＿＿＿がはじまる

②❶を受容しなかった地域の文化

・奄美群島や沖縄など…食料を採取する社会であった❹＿＿＿＿文化

・北海道…縄文文化を引き継ぎ，狩猟・漁労・採取を発展させた❺＿＿＿＿文化

2 くらしの変化

①集落の変化

・農耕の開始…集落のなかに収穫物を貯蔵する❻＿＿＿＿倉庫がつくられる

・収穫物の余裕…集落や集団同士で奪いあう❼＿＿＿＿がおこるようになる

→守りのムラとするため，周囲を濠で囲った❽＿＿＿＿が出現

②道具の変化

・❾＿＿＿＿…磨いて仕上げた石器。縄文時代から続いて使用

・紀元前４世紀頃…中国東北部や朝鮮半島でつくられた❿＿＿＿＿器や⓫＿＿＿＿器がもたらされる

→⓫＿＿＿＿製の鏡や武器を副葬品にもつ墓の出現…支配者が現れる

3 まつりと墓制

①まつりの道具

・西日本…農耕祭祀に⓫＿＿＿＿器を使用する

→釣鐘状の⓬＿＿＿＿や銅剣・銅矛が代表例

・東日本…⓫器を模倣した⓭＿＿＿＿や顔面の装飾がついた壺など

②さまざまな墓制

・地域や時期によってさまざま…土坑墓・木棺墓・箱式石棺墓など

・溝をめぐらしその内側に低い墳丘をもった⓮＿＿＿＿が密集

・九州北部…大型の土器を棺にした⓯＿＿＿＿や，大型の石を地上に設置した⓰＿＿＿＿など

資料から考えてみよう

問1　①～③の土器は何か，答えよう。

(①：　　　　)(②：　　　　)(③：　　　　)

問2　なぜ弥生土器にはいくつも異なる形の土器があるのか考えよう。

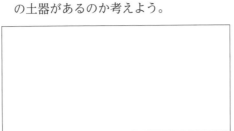

▶④鋤(大阪・瓜生堂遺跡)
(高さ約127cm)
東大阪市教育委員会蔵

問3　④～⑥の道具の役割について，A～Cのどれに対応するか選ぼう。

A．イネの穂先を摘み取る　　B．木を伐採する　　C．田畑を耕す

(④：　　　　)

(⑤：　　　　)

(⑥：　　　　)

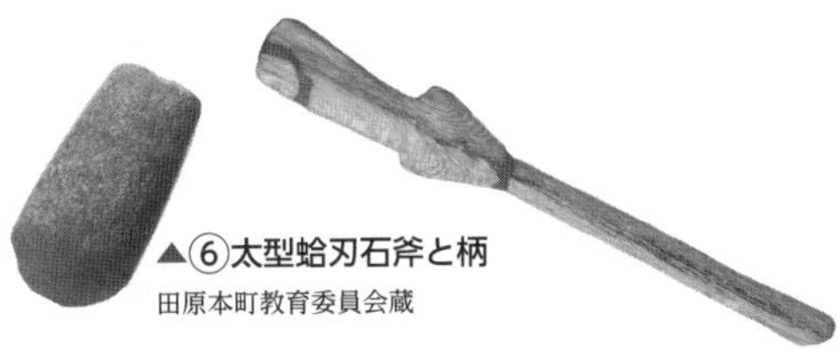

▲⑥太型蛤刃石斧と柄
田原本町教育委員会蔵

▼⑤石包丁(福岡・須玖岡本遺跡)
(横16.2cm)
出典：ColBase

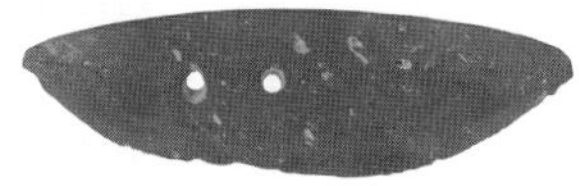

問いにチャレンジ

①弥生文化の特色はどのような点にあるだろうか。前時代と比較して考えてみよう。

食料を得る方法の変化と，その影響を確認し，縄文時代と比べてみよう。

②弥生文化はどういった地域の影響を受けて成立したのだろうか。

1　3つの説がある稲作や畑作の伝来ルートを整理してみよう。

(1)

(2)

(3)

2　3つの説に共通する特徴を考えてみよう。

4　1 列島にクニが現れた

? 日本列島にどのように小国が出現し，まとまっていったのだろうか。

高地性集落　田畑からみて高い位置にある山頂や山腹，台地上などにつくられた集落のこと。

❸のヒント　現在の福岡県福岡市・春日市付近にあったと考えられる。

❻のヒント　中国の晋の陳寿(233？～297？)が編集した中国の歴史書の1つ『三国志』のなかにおさめられている。

帯方郡　2世紀末から3世紀初頭に設置され，313年頃まで続いた中国の郡のひとつ。

1 小国の成立

・各地に首長がおさめる小国(❶　　　　)が出現

→強い❶が周辺をまとめ，王が現れる…紀元前1世紀頃には，列島に100ほどの❶があった

→列島内で戦争が発生…環濠集落や高地性集落がつくられる

2 東アジアの交流

①東アジアの情勢

・紀元前108年，中国の❷　　　　は朝鮮半島に侵攻

→平壌付近に拠点として楽浪郡を設置

→倭人は楽浪郡との交流を開始，中国の文物を手に入れる

②倭と東アジアの関係

・57年，九州北部の❸　　　　の王が❹　　　　の光武帝に朝貢，冊封される…この時に❺　　　　が授けられたと考えられる

・107年，倭国王師升らが❹　　　　に使者を派遣

→中国の権威を後ろ盾として，列島の他の❶より優位に立とうとした。また，朝鮮半島との交流も活発で資源を入手した

3 邪馬台国と卑弥呼

・2世紀なかばから倭で争乱が続く(❻　　　　の記述)

→倭の国々は❼　　　　の❽　　　　を王に立てる

→❼　　　　を中心とした29カ国の❶の連合体ができるが，狗奴国のように対立する❶もあり，倭は政治的に統一されていなかった

・❼　　　　の所在地…❾　　　　説と九州説を中心に意見が分かれる

4 魏との外交

・220年，❹　　　　が滅亡…❿　　　　・蜀・呉の三国時代へ

・楽浪郡の南側に帯方郡が設置される

→❽　　　　は帯方郡を通じて❿　　　　へ朝貢

→「⓫　　　　」の称号や，鏡をはじめとする多数の文物を授かる

・247年頃，❽　　　　が亡くなり，大きな墳墓がつくられる

→死後，男の王を立てるがまとまらず，一族の⓬　　　　(台与か)という少女を後に継がせるとおさまった

・266年，⓬　　　　とみられる女王が晋へ朝貢

→その後中国との外交は約150年もの間，途切れる

資料から考えてみよう

史料 『後漢書』倭伝

＊『後漢書』東夷列伝倭条のこと。『後漢書』東夷伝ともいう。

建武中元二年、倭の奴国、貢を奉じて朝賀す。使人自ら大夫と称す。倭国の極南界なり。光武、賜ふに□を以てす。安帝の永初元年、倭国王帥升等、生口百六十人を献じ、請見を願ふ。

問1　左の資料は『後漢書』倭伝の一節である。文中の□にあてはまる語句は，次のどれか選ぼう。

A．鏡　　B．剣　　C．王冠　　D．印綬　　（　　　）

問2　倭の奴国や倭国王帥升は，なぜ中国に使者を送ったのだろうか。

問3　右の地図は３世紀の東アジアを示したものである。以下の国あるいは郡の名は地図中のＡ～Ｅのどれに対応するか選ぼう。

（魏：　　　　）（蜀：　　　　）（呉：　　　　）

（楽浪郡：　　　　）（帯方郡：　　　　）

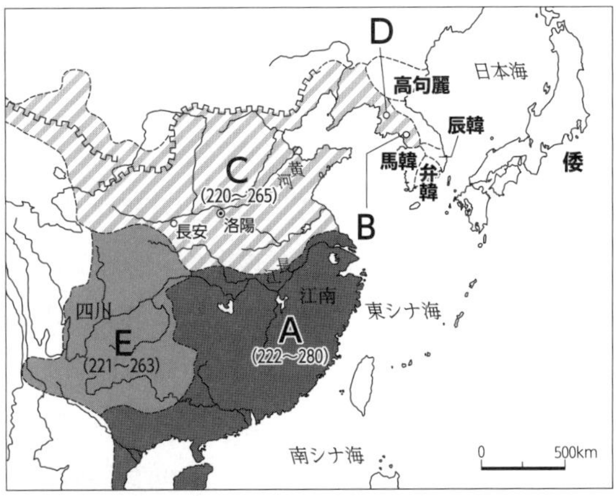

問いにチャレンジ

①小国が出現した背景を考えてみよう。

農耕によって増えたものは何か，それにあわせて人々はどういった方法をとったのか考えてみよう。

②列島の国々をおさめる王にとってもっとも重要なことは何だったのだろうか。

争乱を勝ち抜いていくには何が必要か考えてみよう。

クイズQ　三角縁神獣鏡は，現在までおよそどのくらい見つかっている？　①約150　②約600　③約1,100

5　2 巨大古墳がつくられる

? 古墳時代の日本はどのような社会だったのだろうか。

❹のヒント　木棺や石棺を石で覆った施設で，棺を粘土で覆ったものが粘土槨。

❺のヒント　3世紀から6世紀にかけて，朝鮮半島南部にあった小国群のこと。

❼のヒント　4世紀前半から660年まで存続。隣国との戦争の影響などにより，二度にわたって都をうつした。

新羅　成立時期は不詳だが，4世紀後半に新羅と称するようになり，しだいに勢力を強め，676年に朝鮮半島を事実上統一した。

1 ヤマト政権の出現

①首長と古墳

・3世紀後半…列島各地で有力首長が❶＿＿＿＿を代表とする古墳の造営を開始

古墳：首長を葬る墓であるとともに力を示すもの

・巨大❶＿＿＿＿…奈良盆地から大阪平野にかけて集中

→各地の首長を政治的に束ねた権力…❷＿＿＿＿とよぶ

・列島の首長連合の盟主が❸＿＿＿＿，各地の首長が王として地域を支配

・古墳の埋葬施設…❹＿＿＿＿や粘土槨など。遺体と副葬品をおさめる

②各時期の特徴…前期(3世紀後半～4世紀)：副葬品は銅鏡や勾玉が多い

中期(5世紀)：❶が巨大化。副葬品は武具や馬具が増える

後期(6世紀)：巨大な古墳が減少

2 新しい文化の流入

・鉄の供給…倭国では鉄を自給できず，朝鮮半島南部の❺＿＿＿＿に頼る

→4世紀なかば，朝鮮半島北方の❻＿＿＿＿が軍事的に南下，鉄の入手が脅かされる

→倭国は❼＿＿＿＿と同盟を結び，これを防ごうとする

→5世紀初頭，朝鮮半島の混乱により，半島南部の人々が❽＿＿＿＿として列島に到来，❷は半島の技術を摂取…硬質なやきものである❾＿＿＿＿の製作技術や，馬・馬具・カマドなどが伝わる

・弥生土器の系統をひく土師器とともに❾が用いられる

3 倭の五王

・5世紀…❻＿＿＿＿との対決

→❼＿＿＿＿や新羅・❺＿＿＿＿と連携

・倭の五王(讃・珍・済・興・武)…南朝の宋に朝貢し，冊封を受ける

4 古墳時代の社会

・はっきり分かれる身分の差…豪族(首長)と民衆

・6世紀，有力農民層が❿＿＿＿＿とよばれる小古墳をつくる

埋葬施設の変化…⓫＿＿＿＿の普及

・信仰：山や巨石を対象…三輪山(奈良県)や沖ノ島(福岡県)が代表例

・神意を聞く方法…鹿の角や骨を焼いて吉凶を占う⓬＿＿＿＿，熱湯に手を入れた結果で真偽を判断する⓭＿＿＿＿など

p.11クイズの答え　②

資料から考えてみよう

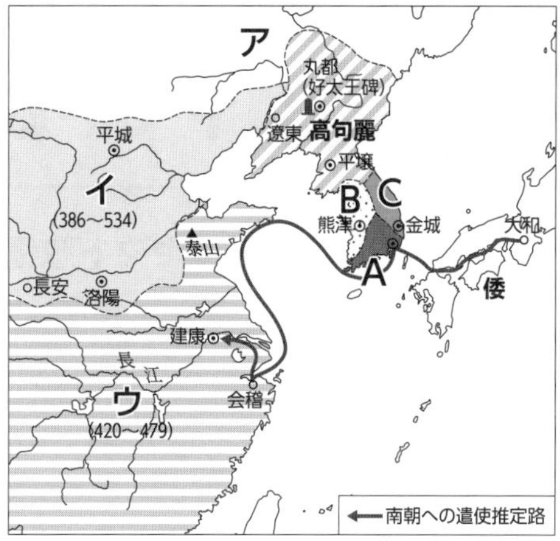

問1　右の地図は5世紀の東アジアを示したものである。地図中のA～Cにあてはまる国名を答えよう。

（A：　　　　　　　）（B：　　　　　　　）

（C：　　　　　　　）

問2　倭の五王が朝貢した中国の王朝はどこか，地図中のア～ウからその場所を選び，国名も答えよう。

（場所：　　　　）（国名：　　　　）

問3　左の写真にみえる古墳のかたちは何とよばれているか答えよう。　　（　　　　　　　　）

問4　築造当時の古墳にはどういった特徴があったのか，左の写真をみながら考えよう。

問いにチャレンジ

①古墳がつくられるようになった理由を考えてみよう。巨大古墳をみた人々はどのようなことを感じただろうか。

1　古墳をつくるためには何が必要か考えよう。

2　古墳をつくることができるということは何を示すのか考えよう。

②ヤマト政権はどのように発展していったのか，その過程について考えてみよう。

中国や朝鮮半島とのかかわりを意識して考えよう。

クイズ Q　五色塚古墳に並べられた埴輪の総数は？　①約220　②約2,200　③約11,000

6　3 ヤマト政権の支配が列島を覆う

? ヤマト政権はどのようにして支配を強めていったのだろうか。

名代・子代　王族の私有民のこと。王や宮の名前を負う。
品部　大王に奉仕する人々の集団のこと。
部曲　豪族の私有民のこと。

❸のヒント　朝廷が任命し，各地の支配を担当する有力者のこと。のちに郡司となったケースが多い。

❻のヒント　大連とならんでヤマト政権の国政を担当した最高官のこと。

1 ヤマト政権の支配体制

①大王の地位とヤマト政権

・大王の地位はその近親が世襲する

・ヤマト政権…直轄地である❶＿＿＿＿を各地の拠点や交通の要所に設置

②大王と豪族の関係

・豪族に氏や姓を与える氏姓制度が成立(氏：一族の名称，姓：大王との関係)

・民衆…大王や王族に名代・子代や品部として仕える，あるいは部曲として豪族に属する→❷＿＿＿＿の成立

・地方の豪族たちは❸＿＿＿＿に任命され，大王に仕える

2 仏教公伝

・新羅…6世紀前半に国政改革に成功，加耶を脅かし，❹＿＿＿＿と対立

・倭国にとって鉄資源の供給地として重要な加耶に勢力を伸ばす新羅は脅威
→❹＿＿＿＿と外交関係を強化
→欽明天皇のとき，❹の聖明王が❺＿＿＿＿を伝え，急速に広まる
→豪族たちは権威を示すものとして，古墳に代わり寺院をつくるようになる

3 大王と豪族

・ヤマト政権の政治…重要課題は❻＿＿＿＿と大連を筆頭とする有力豪族による合議の上，大王が裁可

・6世紀前半，九州北部の大豪族である筑紫君磐井が反乱→鎮圧される
→逆らう豪族がいなくなり，ヤマト政権の支配体制が確立

・❼＿＿＿＿氏…ヤマト政権の財政を担当，渡来人の先進的な技術を採用

・❽＿＿＿＿…6世紀後半に対立する物部氏や崇峻天皇を排除，主導権を確立

4 推古朝の政治

①推古朝の政治体制

・推古天皇の即位…天皇と❽＿＿＿＿，❾＿＿＿＿(のち聖徳太子とよばれる)が協力しあう体制

②東アジアの情勢と内政

・❿＿＿＿＿が中国を統一，高句麗と戦争開始
→ヤマト政権は中国との外交を再開…600年に⓫＿＿＿＿を派遣

・603年，⓬＿＿＿＿定める…個人の能力に応じた冠位を与える

・604年，⓭＿＿＿＿の制定…役人の規範をしめす

・607年，小野妹子を⓫として中国に派遣，留学生や僧侶も派遣

資料から考えてみよう

問1　傍線部Aについて，どこに使者を送ったのか，あてはまる王朝の名前を答えよう。

（　　　）

問2　傍線部Bについて，どうして仏教を学ばせようとしたのか考えてみよう。

史料　『隋書』倭国伝

開皇二十年、倭王あり、姓は阿毎、字は多利思比孤、阿輩雞彌と号す。A使を遣はして闕に詣る。…大業三年、その王多利思比孤、使を遣はして朝貢す。使者曰く、「聞く、海西の菩薩天子重ねて仏法を興すと。故に遣はして朝拝せしめ、兼ねて沙門数十人、B来りて仏法を学ぶ」と。その国書に曰く、「日出づる処の天子、書を日没する処の天子に致す、恙なきや、云々」と。帝、之を覧て悦ばず、鴻臚卿に謂ひて曰く、「蛮夷の書、無礼なる者有り。復た以て聞する勿れ」と。

問3　国書のなかに「天子」という語があるが，そのうち隋の皇帝をさすものを2つ，探してみよう。

（　　　　天子）（　　　　天子）

問いにチャレンジ

①当時のヤマト政権はどのような国をつくろうとしていたのだろうか。

6世紀のヤマト政権の支配体制がどのようなものであったか，考えてみよう。

②国際交流の影響はヤマト政権のどのような政策にみてとれるだろうか。

1　推古朝の外交に注目してみよう。

2　外交の結果，推古朝が打ち出した政策は何か考えてみよう。

クイズQ　厩戸皇子の仏教の先生といわれるのは慧慈という僧侶だが，その出身地はどこ？　①百済　②新羅　③高句麗

7

4 争乱のなかから国家が生まれる
5 強力な天皇が登場する

? 倭国の国家形成と東アジアの動向はどのように結びついているだろうか。

❶のヒント　中国の王朝(618～907)。首都を長安においた。

❸のヒント　藤原氏の祖となった人物(614～669)。

❼のヒント　古代の兵役のひとつ。3年交代で九州の防備にあてられた。

? 天皇とはどのような存在だったのだろうか。

⓭のヒント　684年制定。従来の姓を統合し，真人・朝臣・宿禰・忌寸・道師・臣・連・稲置の8つに分けた。

1 乙巳の変

・618年，❶＿＿＿＿の成立…東アジア諸国で中央集権化がすすみ，政変が頻発

・643年，❷＿＿＿＿が山背大兄王を滅ぼし，権力集中をはかる

→蘇我氏の権力に危機を感じた軽皇子・中大兄皇子・❸＿＿＿＿らが❷＿＿＿＿らを滅ぼす(乙巳の変)，軽皇子即位(孝徳天皇)

2 大化の改新

・新政権は❹＿＿＿＿に都をおき，改革に取り組む

・646年，❺＿＿＿＿を出し，(1)豪族が直接民衆を支配せず大王が支配，(2)地方行政組織と交通の整備，(3)戸籍・計帳の作成と班田収授法の制定，(4)租税の一新などに取り組むが，孝徳天皇の死去で改革は頓挫

3 白村江の戦い

・660年，唐・新羅連合軍との戦いで百済滅亡，百済の貴族が倭国へ支援要請

→朝鮮半島へ出兵，663年に❻＿＿＿＿で対戦→倭国は惨敗，撤退

→唐・新羅連合軍の襲来をおそれ，西日本各地に山城を造営し，九州各地に❼＿＿＿＿を設置して防衛体制を整える

4 天智天皇の政治

・中大兄皇子…亡命百済人を活用して国の組織を整備

→667年，飛鳥から❽＿＿＿＿へ遷都，翌年に即位(天智天皇)

・670年，最初の戸籍である❾＿＿＿＿作成…天皇が直接民衆を支配

5 壬申の乱

・天智天皇の死後，子の大友皇子と弟の❿＿＿＿＿が権力をめぐって対立(⓫＿＿＿＿の乱)，❿が大友皇子を滅ぼし勝利

→⓬＿＿＿＿宮で即位(天武天皇)…大友方についた旧来の豪族は力を失う

6 天武天皇と持統天皇の政治

①天武天皇の政治

・天皇の地位が上昇したことで，天皇中心の政治をすすめる

・豪族をランクづけする(⓭＿＿＿＿)…君臣関係を明確にする

・⓮＿＿＿＿(最古の鋳造貨幣)の鋳造，律令や歴史書の作成に着手…完成前に亡くなり，天武の皇后だった持統天皇が即位

②持統天皇の政治

・⓬＿＿＿＿令の制定，庚寅年籍の作成などをおこなう

・694年，本格的な都城の⓯＿＿＿＿に遷都

p.15クイズの答え　③

資料から考えてみよう

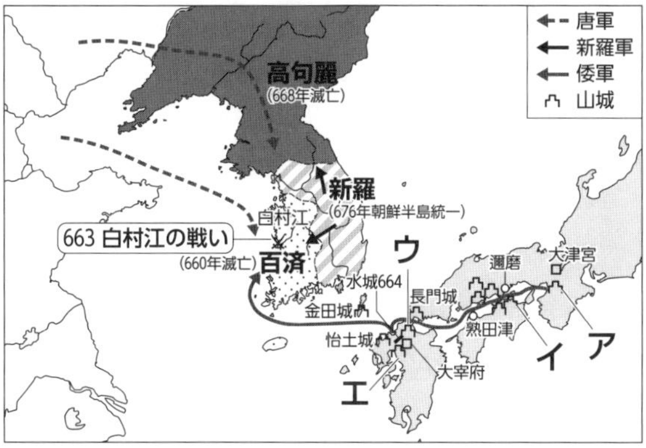

問1　写真は白村江の戦いののちにつくられた大野城の全景だが，その位置はどこか，地図のア～エから選ぼう。　(　　　)

問2　地図をみて，白村江の戦いののちに朝鮮半島情勢はどのように変化したか考えてみよう。

問いにチャレンジ

①大化の改新ではどのような国づくりがめざされただろうか。

改新の詔の内容をふまえて考えてみよう。

②白村江の戦いの前と後で，国内ではどのような変化があっただろうか。

戦いに参加した豪族がどう変化したかに着目して考えてみよう。

③天武天皇はどのような国づくりをすすめたのだろうか。

天武天皇が豪族に対しておこなった政策に注目してみよう。

クイズQ　藤原宮の屋根瓦は遠く離れた場所でもつくられたが，それはどこか？　①香川県　②静岡県　③宮崎県

8　6 法律が人々のくらしを変える

? 律令国家は人々の生活とどのようにかかわったのだろうか。

1 律令国家の成立

・持統天皇…孫の文武天皇に譲位，太上天皇に
・701年，❶＿＿＿＿制定…律(刑法)と令(行政法)
　→唐を手本とした中央集権的な律令国家が成立
・律令の制定にあわせ❷＿＿＿＿(元号)を定める
・702年，❸＿＿＿＿を約30年ぶりに派遣…「日本」と名のる

2 律令国家のしくみ

①役所のしくみ
・天皇を頂点として❹＿＿＿＿をはじめとする役所が行政を執りおこなう…❹＿＿＿＿の下に8つの省を置く
・地方…国とその下に郡と里を置き，国の行政は❺＿＿＿＿(中央から派遣)，郡の行政は❻＿＿＿＿(土地の有力者を任用)が担う
　※九州は❼＿＿＿＿(「遠の朝廷」)が管轄する
②役人と位階
・各役所は4等級の職員から構成(四等官制)，その下に雑務を担う人々
　→位階に対応する役職に就く(❽＿＿＿＿)
　→五位より上が貴族…子孫へ高い位階を与える制度(❾＿＿＿＿)
　　や田地の支給(位田)など数々の特権が認められる

3 地方支配と身分

・都とその周辺の五カ国を❿＿＿＿＿と定め，都から放射状にのびるように⓫＿＿＿＿を設定…都と国府を結ぶ道路として⓬＿＿＿＿を通す
・貴族から庶民まで氏姓をもつ…百姓(多くの姓の意味)または良民とよばれる
・良民の下に⓭＿＿＿＿という身分を設ける…婚姻など種々の制限

4 庶民の負担

①さまざまな負担
・6年ごとに⓮＿＿＿＿を作成，人々に口分田を支給
　→収穫から⓯＿＿＿＿をおさめさせる
・⓰＿＿＿＿を毎年作成…これにもとづき⓱＿＿＿＿や調などの税を徴収
・贄…天皇への食料品をおさめる
・運脚…都まで税の輸送を無償でおこなう
②支払いの方法
・都の造営の支払い…⓲＿＿＿＿を発行，流通は都や国府周辺に限定
・それ以外の地域…布や稲を用いる

❹のヒント　神祇官とならんでおかれた国政の最高機関。

⓮のヒント　人々を支配するために家族の構成や位階などを記録した文書のこと。6年に一度作成された。

⓰のヒント　律令国家の民衆を把握する基本台帳のこと。性別や年齢などを記録し，課税負担の有無を確定させた。

資料から考えてみよう

問1　右の地図は古代の行政区分を示している。図中のA～Gにあてはまる名称を答えよう。

（A：　　　　　　　　）
（B：　　　　　　　　）
（C：　　　　　　　　）
（D：　　　　　　　　）
（E：　　　　　　　　）
（F：　　　　　　　　）
（G：　　　　　　　　）

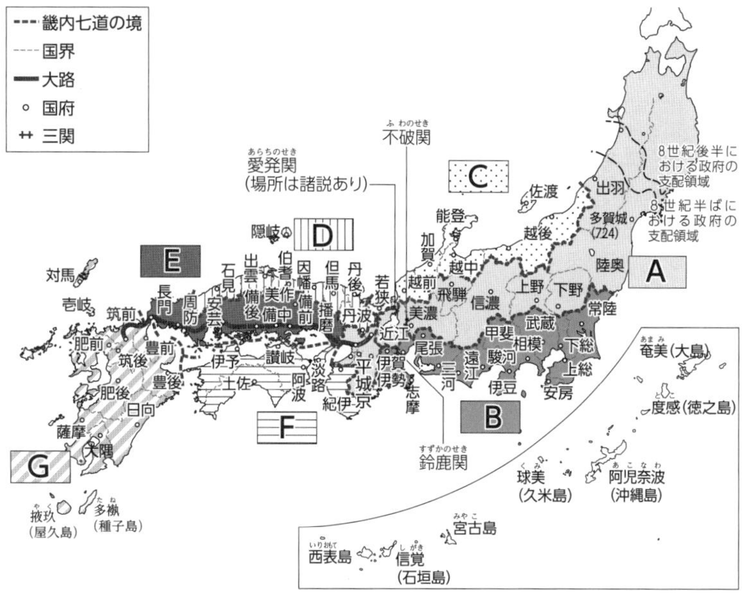

問2　上の地図には「上・下」がつく国名が2組ある。書き出してみよう。

（　　　　・　　　　）（　　　　・　　　　）

問3　問2に関連して，このほかにも「前・中・後」などがついた国名もあるが，どうしてそのような名称となったのか理由を考えてみよう。

問いにチャレンジ

①律令国家はどのような点に特徴があったのだろうか。

役所の設置や地方支配の方法に注目して考えてみよう。

②律令国家の成立によって，人々のくらしはどのように変わっただろうか。

税制の特徴から考えてみよう。

クイズQ　2019年現在，日本でみつかっている木簡の総数は？　①約15,500点　②約96,000点　③約468,000点

9　7 国内が不安定になり仏教に安定を求める　8 きびしい支配のなかで懸命に生きる

? 平城京ではどのように政治が展開したのだろうか。

❻のヒント　天武天皇の孫。724年に左大臣となり，政界の中心人物となった。

1 遣唐使と東アジア

・唐の法律や制度を学ばせるため遣唐使を派遣
　→長安の都市計画の知識を伝え，710年，❶＿＿＿＿に遷都
・律令国家…中国にならい，自国を中華(世界の中心)と位置づける
・列島支配…東北の❷＿＿＿＿に対し，❸＿＿＿＿や秋田城を築く
・外交…新羅や❹＿＿＿＿を属国とみなす外交を展開，新羅との対立

2 政変と大仏

・藤原不比等の死後，❺＿＿＿＿天皇のもと❻＿＿＿＿が政治を主導
　→729年に失脚(❻＿＿＿＿の変)，藤原光明子が皇后に
・不比等の4人の子が政権掌握…737年の天然痘大流行で病死
・皇族出身の❼＿＿＿＿が政権にぎる…吉備真備や玄昉らが活躍
　→740年，不満をもつ藤原広嗣(不比等の孫)が九州で反乱
・❺＿＿＿＿天皇の政策…(1)平城京から遷都，(2)仏教に国の安定を求める
・741年，❽＿＿＿＿の詔を発する
・743年，大仏造立の詔を発する…❾＿＿＿＿を大僧正に，752年に❿＿＿＿＿で大仏開眼供養

⓫のヒント　藤原四兄弟の一人である武智麻呂の子。徹底して唐の制度にならうことをめざし，自らの名も唐風に恵美押勝と改めた。

3 激化する政変

・孝謙天皇(❺天皇の娘)の時代…⓫＿＿＿＿が権勢ふるう
・孝謙太上天皇が⓬＿＿＿＿を寵愛→⓫が反乱をおこして滅びる
　→太上天皇が重祚(称徳天皇)，⓬は法王に昇りつめるが，天皇の死で失脚

? 律令国家の土地支配の目的はどのようなものだっただろうか。

4 律令国家の土地支配・地方の支配

・口分田が不足…農業技術が未熟なため飢饉がおこると，農民がすぐ困窮
　→税を納められない人々が土地から逃げ出す(⓭＿＿＿＿・逃亡)
・百万町歩開墾計画(❻＿＿＿＿のとき)…成果あがらず
・723年，⓮＿＿＿＿…新たに開墾した者に三代の私有認める
・743年，⓯＿＿＿＿…墾田の永代私有を認める
→律令国家の土地支配確立，⓰＿＿＿＿が出現
・地方には国ごとに，役所(国衙)などで構成された国府が置かれる

⓰のヒント　口分田の農民を囲い込む，あるいは逃げ出した農民や奴婢などを使って大規模な開墾をおこなうなどして成立した。

5 奈良時代の経済・民衆のくらし

・物々交換が基本…人々は⓱＿＿＿＿で必要な品を手に入れる
・貨幣の流通を促すため⓲＿＿＿＿を出すが，価値が下落
・農民…10人程度の家族単位で生活，竪穴住居や掘立柱住居でくらす
・都に住む庶民…下級役人や職人，地方から来た仕丁や衛士など

資料から考えてみよう

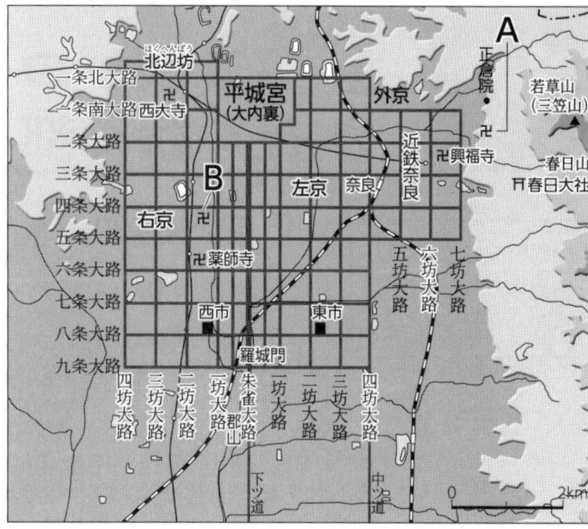

問1　右の図は平城京の全体図である。Aは大仏が造営された寺院だが，その名前を答えよう。

（　　　　　　　　）

問2　Bの寺院は唐から来日し戒律を伝えた僧侶が開いたことで知られるが，その寺院と僧侶の名前をそれぞれ答えよう。

（寺院：　　　　　　　　）

（僧侶：　　　　　　　　）

問3　道路や宮殿から平城京の特徴を考えてみよう。

問いにチャレンジ

①遣唐使は国内にどのような影響を与えたのだろうか。

平城京の成り立ちや平城京につくられた寺院から考えてみよう。

②律令国家は仏教に何を期待したのだろうか。

律令国家は仏教をどのように位置づけていたのか考えてみよう。

③律令国家の土地政策は人々にどのような影響を与えただろうか。

律令国家の土地政策の基本とその変化に注目して考えてみよう。

④庶民の衣食住はどのようなものであったか，現在と比べてみよう。

「衣」の例を参考に，奈良時代の「食」と「住」について教科書を見て考えてみよう。

衣	麻布で作った衣服	食		住	

クイズ Q 「令和」の典拠とされる万葉集の歌はどこで詠まれた？　①多賀城　②大宰府　③越中国府

10
1 平安京がつくられた
2 長く続く都と教えが成立した

？ 桓武天皇の政治は，何をめざしたのだろうか。

1 桓武天皇の政治

①政治の刷新

・784年，❶＿＿＿＿は平城京から❷＿＿＿＿に遷都

・遷都の責任者の藤原種継が暗殺され，794年，❸＿＿＿＿へ再び遷都

②２つの政策

・❸＿＿＿＿の整備と❹＿＿＿＿への朝廷の勢力拡大

→朝廷の財政や民衆にとっての大きな負担

③地方政治の立て直し

・❺＿＿＿＿の設置…国司交替の監督のための❻＿＿＿＿

・班田の周期を長くする。雑徭の期間を半分に減らす

❻のヒント　令に定められていない新しい官職。時代の変化の中で必要に応じて設けられた。

2 嵯峨天皇の政治

①嵯峨天皇の権力確立

・810年，❼＿＿＿＿の変…❼＿＿＿＿と❽＿＿＿＿が対立。❽＿＿＿＿の勝利

・この事件の際，天皇の命令を速やかに太政官に伝える❾＿＿＿＿を設置。長官である蔵人頭には❿＿＿＿＿らを任命

②嵯峨天皇の政治

・⓫＿＿＿＿の設置…京内の警察の役割を務める❻＿＿＿＿

・『⓬＿＿＿＿』の編纂…律令制定後に出された法令をまとめる

❼のヒント　この事件は，この人物に寵愛された女性の名で薬子の変ということもある。藤原薬子の兄仲成はこの人物の側近。

3 平安京

・北端に天皇の住まいである内裏。内裏から南へ延びる朱雀大路。朱雀大路をはさんで東側を⓭＿＿＿＿，西側を右京とする碁盤目状の町

・鴨川と桂川の水運が都の生活を支える

・右京は未整備のまま，⓭＿＿＿＿が栄える

？ 平安時代に成立した仏教は，どのように発展していったのだろうか。

⓭のヒント　内裏で天皇が南を向いて座った時に右手側が西になる。

4 最澄と空海

①⓮＿＿＿＿（767～822）

・804年，遣唐使に従い入唐。帰国後⓯＿＿＿＿を開く

・❸の北東，比叡山の⓰＿＿＿＿を拠点に活動

②⓱＿＿＿＿（774～835）

・⓮＿＿＿＿と同じ時に入唐。本格的に密教を学ぶ

・帰国後，⓲＿＿＿＿を開く。紀伊国の高野山に⓳＿＿＿＿を建立。❸内に教王護国寺（東寺）を❽より賜る

→新しい仏教は，天皇や貴族の期待に応じ，仏教界の中心的な役割をはたした

入唐　唐に行くこと。

資料 から考えてみよう

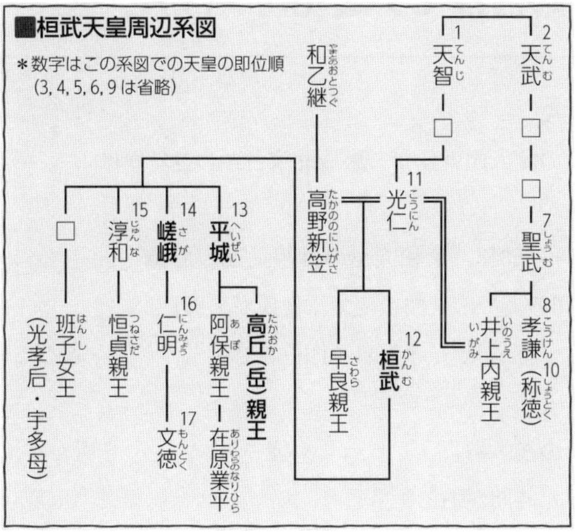

問1　左の図を見て，平城京が都であった奈良時代の多くの天皇は，天智／天武どちらの系統の天皇であったか，答えよう。

（　　　　　　　　）

問2　桓武天皇の子で即位した3人のなかで，その後に天皇の系統が引き継がれた天皇は誰か，答えよう。　（　　　　　　　　）

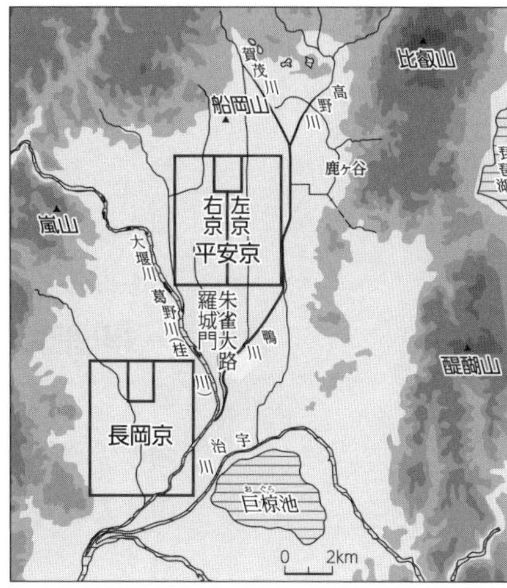

問3　右の地図を見て，長岡京や平安京が新たな都として選ばれた理由を地理的な特徴をふまえて答えよう。

問いにチャレンジ

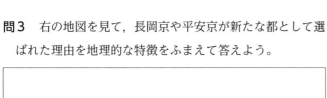

①桓武天皇や嵯峨天皇の政治は，のちの時代にどのような影響を与えたのだろうか。

桓武天皇や嵯峨天皇がおこなった政治は，どのような試みだったのか考えてみよう。

②新しい仏教は，政治・社会においてどのような役割を担ったのだろうか。

1　天皇や貴族が新しい仏教に期待したものとは何だったのだろうか。

2　新しい仏教は，のちにどのような影響をもたらしたか考えてみよう。

クイズ Q 蝦夷の長の阿弖流為の碑が1994年に建立された京都の寺院はどこか？　①南禅寺　②龍安寺　③清水寺

11　3 貴族による政治がおこなわれた

? どのような国際環境のなかで貴族政治は展開したのだろうか。

外祖父　母方の祖父。清和天皇の母は❷の娘。

❸のヒント　この時代は天皇が幼少の場合に天皇に代わって政治をおこなう職のことを指す。また，❺は天皇が成人の場合におかれる職である。

1 藤原北家の勢力拡大

①❶＿＿＿＿の蔵人頭就任が，藤原北家台頭のきっかけ

②藤原北家の政治主導

・❷＿＿＿＿…858年，清和天皇の外祖父として❸＿＿＿＿となり実権をにぎる(承和の変や応天門の変で，他氏が失脚)

・❹＿＿＿＿…884年，光孝天皇を即位させ❺＿＿＿＿となる

③天皇自らの政治

・❹＿＿＿＿の後，❸＿＿＿＿や❺＿＿＿＿を置かず，天皇自ら政治をおこなった時期がある

・❻＿＿＿＿…醍醐・村上天皇の治世。律令国家の復興をめざす(『延喜格式』『日本三代実録』『古今和歌集』，乾元大宝など)

・❻の後は，❸＿＿＿＿や❺＿＿＿＿は常置される

2 摂関政治

①❼＿＿＿＿の時代

・甥の伊周との権力争いに勝ち，左大臣として権力をにぎる

・娘4人が天皇の中宮(皇后)や皇太子妃に→3人の天皇の外祖父となる

②❽＿＿＿＿の時代

・50年にわたり❸＿＿＿＿や❺＿＿＿＿をつとめた。摂関政治の全盛期

・❼＿＿＿＿や❽＿＿＿＿の子孫…❾＿＿＿＿とよばれ，ほかの貴族も家柄によって朝廷内での序列や役割が固定化

3 東アジアの変動

①10世紀の東アジア

・唐の滅亡→五代(諸王朝の興亡)→❿＿＿＿＿による中国統一

・中国東北部…渤海→契丹(遼)　・朝鮮半島…新羅→⓫＿＿＿＿

②894年，⓬＿＿＿＿の提案で，遣唐使派遣停止

③中国や朝鮮の商人，日本の僧侶など往来はさかん。貴族は唐物を珍重

4 国風文化

・唐が衰えると，日本独自の貴族文化が生まれる

・⓭＿＿＿＿…女房たちが使う。和歌が重視される
→⓮＿＿＿＿の『枕草子』や⓯＿＿＿＿の『源氏物語』を生む

・⓰＿＿＿＿の広まり…当時の社会を⓱＿＿＿＿の世ととらえる思想が広まり，阿弥陀仏を信仰し極楽浄土へ往生する新しい信仰が⓲＿＿＿＿や源信などの僧によって広まった

⓬のヒント　藤原北家によって，大宰府に左遷。死後，内裏が落雷に見舞われたり関係者に不幸が相次ぎ，道真の怨霊の仕業と恐れられ，天神として北野天満宮にまつられた。現在は学問の神として人気が高い。

唐物　中国からもたらされた文物。

女房　朝廷などに仕える女官のこと。

資料から考えてみよう

問1　右の史料は誰の日記か，答えよう。

(　　　　　　　　　　)

問2　右の史料を読み，傍線部で紹介されている藤原道長の歌「此の世をば，我世とぞ思ふ望月のかけたることも無しと思へば」にこめられている道長の感情とはどのようなものだったのか。歌の詠まれた状況を説明し，答えよう。

史料　■藤原道長の栄華〈『小右記』〉〈現代語訳〉

（寛仁二年十月）十六日、今日は女御の藤原威子を皇后に立てる日である。（威子は藤原道長の三女である。一つの家から三人の皇后が出るのは未曾有なことである）…道長は私②を招いて「和歌を詠もうと思う。必ず返歌を返せ」と言った。私は「必ず返歌いたしましょう」と答えた。さらに道長が「自慢と受け取られるかもしれない歌である。ただし、事前につくったものではない」と言った。そして、「此の世をば、我世とぞ思ふ望月のかけたることも無しと思へば」と詠んだ。私は、「たいそう優美な歌で、返歌しようがありません。この場にいる皆で、この歌を吟じましょう」と申し上げた。

問いにチャレンジ

①摂関政治の特徴はどのようなものだったか。

摂関政治が，藤原北家によって独占された理由から考えてみよう。

②国風文化は，どのような政治体制や国際環境のもとで生まれたのだろうか。

1　どのような国際環境を背景にしていたか，考えてみよう。

2　国風文化は，貴族たちによってどのように育まれたか，文字に着目して考えてみよう。

3　摂関政治の特徴と国風文化との関係について考えてみよう。

クイズQ　869年の貞観地震の際も津波はこの場所を越えなかったことから，歌枕となった場所はどこか？
①末の松山　②鴫立沢　③田子の浦

12　4 受領によって地方支配が再編された

? 地方支配の再編と武士の成長にはどのような関係があっただろうか。

国衙　諸国の役所。国司が常駐。

桓武平氏　桓武天皇の子孫。高望王が平姓をあたえられ，上総の国司として下向し，土着した。

清和源氏　清和天皇の子孫。清和天皇の孫，⓮が源姓を与えられた。

㉑のヒント　平泉に拠点を置き，奥州藤原氏の基礎を築いた。

1 地方支配の再編

①律令制が崩れ，９世紀末より国司(❶　　　　)へ地方政治を一任

②❶は有力農民に耕作を請け負わせ，その田地から税を取る方式に…有力農民は❷　　　　といい，彼らの名前を冠した土地を❸　　　　という

・人別賦課→❹　　　　を基準とした徴税へ

…調・庸→米や布などの❺　　　　や特産物・手工業品・労役などの❻　　　　に再編

③❶　　　　の権限強化…国衙で❶のもと，地方豪族から登用された在庁官人が実務を担う。農民から訴えられる❶もいた

④❶　　　　の利権化…在任中に得た巨利を使って官位を得る❼　　　　や，収入の多い国の❶への再任(❽　　　　)の流行

・目代を派遣して赴任しない❾　　　　も広まる

2 荘園の発達

・11世紀頃から，国司は課税地を増やすため，荒廃田の再開発を奨励

・❷のほか，❶の子弟，中下級貴族が開発地を私領とする

・私領が荘園となる…租税の免除(❿　　　　)や国司の立ち入りを拒否する⓫　　　　権を国司に認めさせる。荘園は徐々に増加

3 武士の登場

・９～10世紀の地方の治安悪化…武芸に秀でた中下級貴族を国司に任命

・国司として地方に下った貴族のなかには，土着して武士(兵)となる者も

・⓬　　　　の乱(939～940)…関東に下った桓武平氏の一族間の抗争などから，国司と対立→平貞盛や藤原秀郷らによって鎮圧

・⓭　　　　の乱(939～941)…伊予の前国司が瀬戸内海の海賊を率いて反乱。清和源氏の⓮　　　　らによって鎮圧される

・武士は朝廷や貴族の侍，宮中の警備をする⓯　　　　，地方においては検非違使・押領使・追捕使などに任じられ活躍

4 東北の動乱と武家の棟梁

①1028年，⓰　　　　の反乱を鎮圧した清和源氏の⓱　　　　が関東に影響力をもつようになる

②⓲　　　　…源頼義と⓳　　　　が東国の武士を率いて陸奥の安倍頼時・貞任を討つ

③⓴　　　　…⓳　　　　は㉑　　　　を助ける。⓳は名声を高め，武家の㉒　　　　となる

資料から考えてみよう

問1　右の史料は尾張国の郡司や百姓たちが中央政府に対して，国司の不法行為を訴え，国司の解任を要求したものである。訴えられた国司とは誰か，答えよう。

（　　　　　　　　）

問2　右の史料からわかる国司の不当な行為をあげてみよう。

史料　■尾張国郡司百姓等解〈現代語訳〉

尾張国郡司・百姓等が官裁を求めます。

当国の守藤原朝臣元命が三年間に責め取った非法の官物、ならびに濫行横法三十一箇条を愁い訴えますので裁断してください。

一、1、定例の公出挙のほか、三年間に密かに正税①四十三万千二百四十八束の息利十二万九千三百七十四束四把一分を加徴したこと。……

一、7、交易雑物②だとあざむいて絹・手作布・信濃布・麻布・漆・油・苧・茜・綿などを取ったこと。……

一、30、守元命朝臣は京より下向するたびに、有官③、散位④の従類や、不善の輩を引率すること。……

永延二年十一月八日　郡司百姓等

注①正税—本来は国の倉庫に納入された租稲をいい、公出挙の本稲にあてられたが、この頃には本稲を下さずに利稲だけ徴収する税となっていた　②交易雑物—諸国が購入して朝廷へ納入した種々の貢納物　③有官—位階があり官職をもつ者　④散位—官職はないが位階をもつ者

問いにチャレンジ

①地方政治は何が変化したのだろうか。

1　9世紀末頃からの地方政治の立て直しは，どのような経緯からおこなわれたのだろうか。

2　1の結果，徴税方法が大きく変化したが，どのように変化したか，説明しよう。

②武士はどのように成長していったのだろうか。

1　地方政治で武士はどのような役割を担っていたのだろうか。

2　中下級の貴族たちと地方の武士たちの関係はどのようなものであっただろうか。

クイズQ　「受領ハ倒ル所ニ土ヲツカメ」で知られる受領の貪欲さを描いた物語の出典は？
①源氏物語　②今昔物語集　③平家物語

13 第１章　チェックポイント

①沖縄県で発見された新人の化石人骨。……………………………………………（　　　　　　　　　　）
②相沢忠洋が関東ローム層から打製石器を発見し，確認された遺跡。…（　　　　　　　　　　）
③小集団で移動しながら狩猟生活をし，打製石器を使用していた時代。（　　　　　　　　　　）
④今から約１万1500年前，急速な温暖化によって出現し，日本列島付近で１万年以上続いた，土器を使う文化。…………………………………………………………………………（　　　　　　　　　　）
⑤狩猟の道具で，動物を射るもの。…………………………………………………（　　　　　　　　　　）
⑥定住しはじめた人々が住んだ，地面を掘り下げてつくる住居。…………（　　　　　　　　　　）
⑦④での遺体の埋葬方法で，手足を折り曲げるもの。…………………………（　　　　　　　　　　）
⑧④でつくられた，女性をかたどり，多産を願ったとされる土の人形。（　　　　　　　　　　）
⑨青森県にある縄文時代の巨大集落。……………………………………………（　　　　　　　　　　）
⑩紀元前７世紀～紀元前５世紀頃，水田稲作が大陸から伝わってきたことではじまった文化。
……………………………………………………………………………………………（　　　　　　　　　　）
⑪集落のなかにつくられた，収穫した作物を貯蔵する建物。………………（　　　　　　　　　　）
⑫争いにそなえ，周囲を深い濠で囲った集落。………………………………（　　　　　　　　　　）
⑬イネの穂先を摘み取るための磨製石器。………………………………………（　　　　　　　　　　）
⑭農耕祭祀の道具として考えられる釣鐘状の青銅器。…………………………（　　　　　　　　　　）
⑮佐賀県にある弥生時代最大規模の⑫。…………………………………………（　　　　　　　　　　）
⑯倭人のことが初めて出てくる中国の歴史書。………………………………（　　　　　　　　　　）
⑰『後漢書』倭伝に出てくる，奴国に金印を授けた後漢の皇帝。……………（　　　　　　　　　　）
⑱倭人が朝鮮半島で入手しようとした資源。…………………………………（　　　　　　　　　　）
⑲『魏志』倭人伝に登場する邪馬台国の女王。…………………………………（　　　　　　　　　　）
⑳邪馬台国の女王が魏から授かった称号。………………………………………（　　　　　　　　　　）
㉑各地の首長連合であるヤマト政権の盟主。…………………………………（　　　　　　　　　　）
㉒ヤマト政権に関わる首長たちが造営した巨大な墓の形。……………………（　　　　　　　　　　）
㉓真偽を判断するため熱湯に手を入れる神判。………………………………（　　　　　　　　　　）
㉔ヤマト政権の㉑が豪族に氏姓を与える支配体制。……………………………（　　　　　　　　　　）
㉕ヤマト政権に服属した地方豪族が任命された地位。…………………………（　　　　　　　　　　）
㉖仏教を欽明天皇に伝えた聖明王がいる国。…………………………………（　　　　　　　　　　）
㉗６世紀後半，対立する物部氏らを排除して権力をにぎった大臣。……（　　　　　　　　　　）
㉘推古天皇の下で政治をおこない，のちに聖徳太子といわれる人物。…（　　　　　　　　　　）
㉙小野妹子が派遣された中国の国。………………………………………………（　　　　　　　　　　）
㉚中国にならい，603年に導入された冠位制。…………………………………（　　　　　　　　　　）
㉛604年に制定された，仏教・儒教などの思想に基づいた役人の規範。（　　　　　　　　　　）

p.27クイズの答え　②

㉜645年，中大兄皇子らが蘇我氏を滅ぼした事件。……………………………（　　　　　　　　　　　　　）
㉝663年，百済救援のため唐・新羅連合軍と倭国が戦った戦い。…………（　　　　　　　　　　　　　）
㉞天智天皇の子と，天智天皇の弟の大海人皇子による争い。………………（　　　　　　　　　　　　　）
㉟大海人皇子が勝利し，天皇として即位した宮。……………………………（　　　　　　　　　　　　　）
㊱天武天皇が鋳造を命じた銭。…………………………………………………（　　　　　　　　　　　　　）
㊲天武の皇后だった持統天皇がつくらせた本格的な都城。…………………（　　　　　　　　　　　　　）
㊳文武天皇の下，唐を手本として701年に完成した律令。……………………（　　　　　　　　　　　　　）
㊴神祇官とならぶ二官で，律令国家の行政官。………………………………（　　　　　　　　　　　　　）
㊵中央から派遣される地方の行政官。…………………………………………（　　　　　　　　　　　　　）
㊶口分田を支給し，租を徴収するために6年ごとに作成するもの。……（　　　　　　　　　　　　　）
㊷庸や調の徴収のために毎年作成される台帳。………………………………（　　　　　　　　　　　　　）
㊸唐の都長安にならってつくられ，710年に遷都された都。…………………（　　　　　　　　　　　　　）
㊹蝦夷支配のために8世紀に太平洋側に置かれた拠点。……………………（　　　　　　　　　　　　　）
㊺仏教の力によって国を守るという思想。……………………………………（　　　　　　　　　　　　　）
㊻奈良時代初期，政治を主導した中臣鎌足の子。……………………………（　　　　　　　　　　　　　）
㊼729年に藤原氏と対立して失脚した皇族。……………………………………（　　　　　　　　　　　　　）
㊽大仏造立の詔を出した天皇。…………………………………………………（　　　　　　　　　　　　　）
㊾寵愛され法王になったが，称徳天皇の死後失脚した人物。………………（　　　　　　　　　　　　　）
㊿口分田不足を補うため，743年に出された法。………………………………（　　　　　　　　　　　　　）
51784年に桓武天皇が最初に遷都した都。……………………………………（　　　　　　　　　　　　　）
52桓武天皇が国司の交替の監督のために置いた官職。………………………（　　　　　　　　　　　　　）
53平城太上天皇の変の際，嵯峨天皇が置いた役所。…………………………（　　　　　　　　　　　　　）
54比叡山延暦寺を拠点に天台宗を開いた人物。………………………………（　　　　　　　　　　　　　）
55高野山金剛峯寺を拠点に真言宗を開いた人物。……………………………（　　　　　　　　　　　　　）
56858年に幼少の清和天皇の摂政となった人物。………………………………（　　　　　　　　　　　　　）
57884年に光孝天皇の関白となった人物。………………………………………（　　　　　　　　　　　　　）
58摂関政治の全盛期の頃の，藤原北家の人物で，藤原頼通の父。…………（　　　　　　　　　　　　　）
59894年に遣唐使の停止を提案した人物。………………………………………（　　　　　　　　　　　　　）
60905年に編まれた最初の勅撰和歌集。…………………………………………（　　　　　　　　　　　　　）
61極楽浄土への往生を願い，阿弥陀仏を信仰する宗教。……………………（　　　　　　　　　　　　　）
62平安時代の貴族の館の建築様式。……………………………………………（　　　　　　　　　　　　　）
63現地に赴任する㊵の最上席。…………………………………………………（　　　　　　　　　　　　　）
64地方の有力者が開発し，不輸・不入権を得た私領。………………………（　　　　　　　　　　　　　）
65939年に関東一円で反乱をおこした人物。……………………………………（　　　　　　　　　　　　　）
66前九年合戦，後三年合戦ともに関わり名声を高め武家の棟梁となった，清和源氏の人物。
……………………………………………………………………………………（　　　　　　　　　　　　　）
67後三年合戦で66に助けられ，のち奥州藤原氏の基礎を築いた人物。…（　　　　　　　　　　　　　）

14　第１章　章末問題

1　**次の①～③の文章の下線部が正しければ○，誤っていれば適語を答えよ。** 知・技

①更新世の最後の氷河時代に，人類は現在の日本列島付近にまで到達したと考えられる。日本列島でみつかっている化石人骨の港川人や浜北人などは，いずれも原人に属する。

②今から約１万1500年前頃からの自然環境の変化にともない，日本列島では土器がつくられ，弓矢が発明され，掘立柱住居による定住がはじまった縄文文化が生まれた。

③紀元前７世紀から紀元前５世紀に大陸から水田稲作が伝わると，文化は大きく変化した。作物を貯蔵する高床倉庫がつくられ，集落間の争いにそなえ集落を濠で囲んだ環状集落が出現した。

①(　　　　　　)　②(　　　　　　)　③(　　　　　　)

2　**次の文章を読んで，下の問いに答えよ。**

弥生時代に農耕がはじまると，日本列島各地には小国(クニ)が出現し，争いがあったことは，遺跡や中国の歴史書などからもわかる。倭とよばれた日本列島に住む倭人は，資源を求めてたびたび朝鮮半島と交流していた。『漢書』地理志では，漢(前漢)が朝鮮半島に置いた(　A　)郡を通じて，倭が中国とも交流をもっていたことがわかる。また，『後漢書』倭伝には，57年に，倭の奴国が使いを送り，光武帝から金印を授かった記述がある。さらに，『魏志』倭人伝には，３世紀に邪馬台国の王(　B　)が魏に使いを送り，「親魏倭王」の称号を授かったとある。これらのように，①日本列島にあった小国は，朝鮮半島や中国とのかかわりのなかで統合され，やがてヤマト政権が誕生したと考えられる。

３世紀の後半になると，本州から九州にかけて②前方後円墳が出現した。特に巨大なものが奈良盆地から大阪平野に集中し，ヤマト政権の中心がこの地にあったことがうかがえる。ヤマト政権は，半島からの渡来人によってもたらされた先進技術や文化を摂取し，いわゆる「倭の(　C　)」のようにしばらく交流の途絶えていた中国(宋)とも再び交流をはじめ，日本列島のなかに勢力を拡大していった。

問１　空欄(　A　)～(　C　)に入る適語を答えよ。知・技

A(　　　　　　)　B(　　　　　　)　C(　　　　　　)

問２　下線部①について，弥生時代からヤマト政権成立の時期に倭の首長たちが中国とかかわりをもとうとした理由は何か，朝貢・冊封という語を使用して説明せよ。思・判・表

問３　下線部②について，５世紀には前方後円墳は巨大化し，副葬品も武具や馬具が増えたが，このことから被葬者について，どのようなことがいえるか，答えよ。思・判・表

3 次の年表を見て，下の問いに答えよ。

年代	おもな出来事
600	遣隋使派遣
645	乙巳の変
663	（　A　）の戦い
672	①壬申の乱
694	（　B　）遷都
701	②大宝律令
710	平城京遷都
723	（　C　）法
729	③長屋王の変
743	墾田永年私財法
764	④恵美押勝の乱
770	称徳天皇死去

問1　年表中の（　A　）～（　C　）に入る適語を答えよ。知・技

A（　　　　　　　　　）　B（　　　　　　　　　）

C（　　　　　　　　　）

問2　下線部①で勝利して即位した天皇は誰か，答えよ。知・技

（　　　　　　　　　）

問3　下線部②について，「律」と「令」とは何か，簡潔に答えよ。思・判・表

問4　下線部③について，この事件の後に皇族以外で初めて皇后となった藤原不比等の娘とは誰か，答えよ。知・技　（　　　　　　　　　）

問5　下線部④は，恵美押勝がある人物を排除しようとしておこし，失敗した事件であるが，その人物とは誰か，答えよ。知・技　（　　　　　　　　　）

4 次の文章を読んで，下の問いに答えよ。

8世紀末に即位した桓武天皇は，①政治改革をすすめるために平城京から長岡京，さらに平安京へと遷都し，権力基盤を固めようとした。しかし，平安京の整備と②東北地方への進出は，財政や民衆に負担を強いることとなった。桓武の子の③嵯峨天皇の信任を得た藤原冬嗣は，蔵人頭に就任して，その後の藤原北家の権力拡大のきっかけとなった。冬嗣の子の良房が清和天皇の摂政，良房の養子の（　A　）が光孝天皇の関白となり，④藤原北家による摂関政治全盛期の道筋を開いた。

中央政界の変化は，地方政治にも影響をおよぼすこととなり，平安時代初期におこなわれた律令制を立て直す試みは大きく変化した。10世紀には班田もおこなわれなくなり，地方政治は現地に赴任する国司すなわち（　B　）に一任され，人別に賦課されていた税は土地を基準とした税に再編成された。土地の私領化がすすみ，土地を開発した地方の有力者は中央政界の貴族や寺社と結び，寄進によって（　C　）を形成した。また，地方政治の混乱から地方の有力者たちの武装化がすすんだ。

問1　空欄（　A　）～（　C　）に入る適語を答えよ。知・技

A（　　　　　　　　　）　B（　　　　　　　　　）　C（　　　　　　　　　）

問2　下線部①について，桓武天皇がおこなった改革のうち，新たに設けられた勘解由使の役割は何か，答えよ。思・判・表

問3　下線部②について，蝦夷の長，阿弖流為を降伏させた征夷大将軍とは誰か，答えよ。知・技

（　　　　　　　　　）

問4　下線部③とともに「三筆」の一人とされ，平安京内に教王護国寺を賜った真言宗の開祖とは誰か，答えよ。知・技　（　　　　　　　　　）

問5　下線部④の全盛期の人物で，藤原道長の子は誰か，答えよ。知・技

（　　　　　　　　　）

知識・技能 ……／18　思考・判断・表現 ……／4

15　1 院政がはじまった

? 院政は社会にどのような変化をもたらしたのだろうか。

❸のヒント　太上天皇のこと。

院司　院庁の職員。

家子　主人の一族の従者。
郎等　主人の血縁でない従者。

記録荘園券契所　荘園整理事務をおこなうための役所。のち建武の新政では，政治の中心機関となる。

⑯のヒント　中世の基本的土地制度。

⑰のヒント　上級貴族に一国の支配権を与え，収益を得させる。院分国は上皇の知行国。

1 院政の成立

①11世紀後半，❶＿＿＿＿の親政…藤原氏を外戚としない天皇

②1086年，❷＿＿＿＿天皇が幼少の天皇に譲位し，❸＿＿＿＿として政治をおこなう…❹＿＿＿＿の開始

③❹＿＿＿＿の特徴

・❸＿＿＿＿が人事権を掌握，専制的な政治権力を行使

・院庁下文(院庁が下す命令)や院宣(院の命令)が国政に大きな効力をもつ

・❺＿＿＿＿…裕福な受領層が院司となって，要職に取り立てられる

・❻＿＿＿＿…院直属の軍事力

④鳥羽上皇，後白河上皇も❹＿＿＿＿をおこなった

2 武士勢力の拡大

①有力寺院は荘園群を領有し，国司などと対立すると❼＿＿＿＿を使い，朝廷へ❽＿＿＿＿(特に南都→興福寺，北嶺→比叡山)

②院が❽＿＿＿＿をおさえるために，武士を動員

・源氏や平氏は❹＿＿＿＿の下，勢力を拡大。兵力増強のため，地方の武士との主従関係を広げる

・地方の武士は，家子や郎等からなる❾＿＿＿＿を形成。国衙の在庁官人や郡司・郷司などになる→土地を開発し❿＿＿＿＿として支配領域を拡大。源氏や平氏との主従関係を通じ，❸や有力貴族ともつながる

3 荘園公領制の成立

①国司の支配する公領(⓫＿＿＿＿)の再編成…郡・郷・保

・国司は，武士を郡司・郷司・保司に任命して徴税を請け負わせる

②増加する荘園は国衙の税収を低下させる要因

・1069年，❶＿＿＿＿による⓬＿＿＿＿
…記録荘園券契所を設置。荘園の審査を厳しくし，多くの荘園を公領に戻す

③荘園整理の政策は続けられたが，❹期には天皇や❸が大寺社などに荘園の領有を認めたため，地方で私領を形成してきた中下級貴族や❿として成長してきた武士がさかんに上級者に寄進をはじめる

・荘園を寄進された❸周辺や上級貴族・大寺社は⓭＿＿＿＿・領家，寄進した❿＿＿＿＿などは⓮＿＿＿＿となって現地を支配

④⓯＿＿＿＿…寄進によって成り立つ荘園

⑤⓰＿＿＿＿…荘園と公領からなる土地制度

⑥⓱＿＿＿＿や院分国の制度も広まり，公領の収益も経済的基盤となる

資料から考えてみよう

■寄進地系荘園の形成(上野国新田荘)

本家	金剛心院(A が建立した御願寺。1154年建立。)
	⬆寄進　　＊本家は上級の領主
領家	藤原忠雅(A の近臣)
	⬆寄進　1157年頃
荘官(開発領主)	源義重(京都と地方を行き来して活動する武士)

問1　左の図のAに入るのは，白河上皇の孫で，自らも院政をおこなった人物である。それは誰か，答えよう。

(　　　　　　)

問2　1108年におこり，上野国新田荘の開発のきっかけとなった自然災害は何か，答えよう。

(　　　　　　　　　)

問3　開発領主が院近臣を通じて院が建立した御願寺に寄進したねらいは何だったか，考えよう。

問いにチャレンジ

①武士はどのように勢力を拡大していっただろうか。

院政と武士の関係を説明してみよう。

②荘園公領制はどのような制度だっただろうか。

1　荘園公領制とは，荘園と公領からなる土地制度である。それぞれの特徴をふまえて説明してみよう。

2　荘園公領制と武士のかかわりについて考えてみよう。

クイズQ　春日大社の神の使いの動物とは何か？　①鹿　②牛　③犬

16　2 平清盛が政治権力をにぎった

? 平氏はどのような経緯で政権を掌握したのだろうか。

伊勢平氏　平忠常の乱以降，伊勢に拠点を置いた平氏。

❷のヒント　平忠盛の子とされる。

❻のヒント　一族の統括者。藤原氏は摂関の任についた者がなる。

配流　流罪に処すこと。

⓬のヒント　制度として確立するのは鎌倉幕府になってから。

1 平氏の台頭

・清和源氏の勢力低下⟷伊勢平氏の平正盛・忠盛父子は白河・❶＿＿＿上皇の近臣となって国司を歴任，経済力を高める

・❷＿＿＿は安芸の国司や大宰府の官職を歴任→西国に権力基盤

2 保元の乱・平治の乱

①1156年，❸＿＿＿

・天皇家内部の対立…❶＿＿＿法皇は近衛天皇の死後，❹＿＿＿天皇を即位させる←❺＿＿＿上皇の不満

・摂関家内部の不和…❻＿＿＿の地位をめぐり，関白藤原忠通と弟の左大臣藤原頼長の対立

・❶＿＿＿法皇の死後，❺＿＿＿上皇と藤原頼長は，源為義・平忠正ら武士を動員し，挙兵

・❹＿＿＿天皇と藤原忠通は，❼＿＿＿・❷＿＿＿らを味方につけ，❺＿＿＿上皇方を破る

②1159年，❽＿＿＿

・❹＿＿＿上皇の近臣の対立

・❾＿＿＿を，藤原信頼が❼＿＿＿と結び，滅ぼす

・信頼と❼＿＿＿は，❷＿＿＿によって滅ぼされる

・❼＿＿＿の子，頼朝は伊豆に配流

③貴族社会の紛争が武士の力によって解決→平氏政権の誕生

3 平氏政権の成立

①1167年，❷＿＿＿が太政大臣に昇進

・一族も高位高官。摂関家や天皇家と姻戚関係を結ぶ

②平氏政権の軍事力

・西国の地方武士を中心に❿＿＿＿を組織し，国家の軍事を担った

③平氏政権の経済力

・30か所あまりの⓫＿＿＿と500か所あまりの荘園を領有

・❿＿＿＿を⓬＿＿＿に任命し，荘園や公領の現地支配を担わせる

・⓭＿＿＿に力を入れ，⓮＿＿＿を修築

④1177年，❹＿＿＿法皇の近臣による平家打倒の企て(鹿ヶ谷の陰謀)

⑤1179年，❷＿＿＿が武力により京を制圧。❹＿＿＿法皇の院政を停止→軍事独裁体制を築く

⑥1180年，❷＿＿＿の孫，⓯＿＿＿天皇即位

資料から考えてみよう

問1　右の平氏の知行国と日宋貿易についての地図を見て，読み取れることとして正しいものを，次の①～④から二つ選ぼう。

①平氏は東国を中心に知行国をもっていた。

②平氏は西国を中心に知行国をもっていた。

③平氏は瀬戸内海航路を整備し，貿易を拡大した。

④平氏は陸上の街道を整備し，貿易を拡大した。

(　　　　)(　　　　)

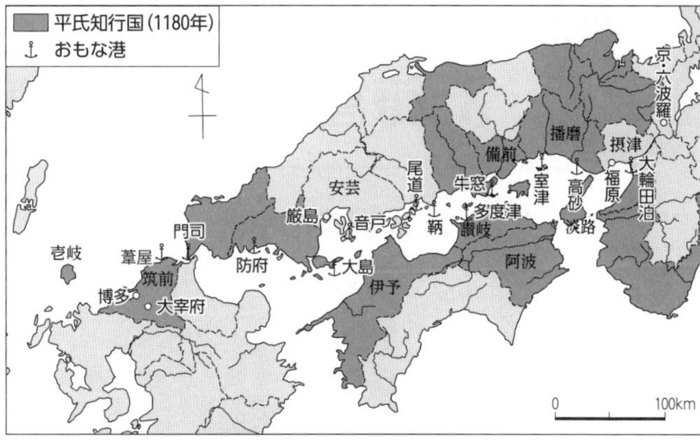

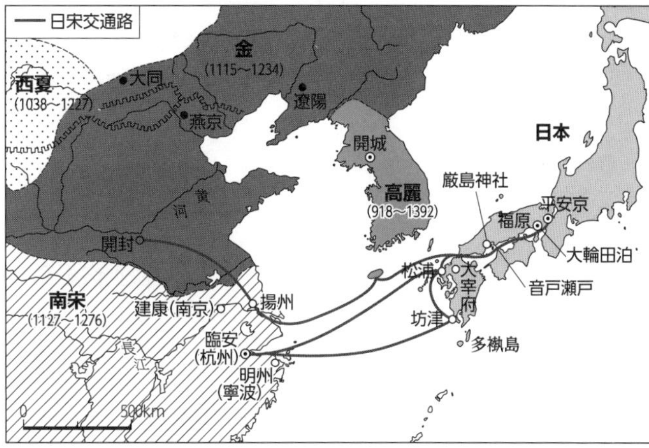

問2　日宋貿易の輸出入品には何があったか，答えよう。

輸出(　　　　　　　　　　　　　　　　)

輸入(　　　　　　　　　　　　　　　　)

問いにチャレンジ

①平清盛はなぜ政治権力を掌握できたのだろうか。

保元の乱・平治の乱を通じ，武士の地位がどのように変化したかを考えてみよう。

②平氏政権の権力の基盤は何だっただろうか。

貴族的側面と武家的側面から考えてみよう。

貴族的側面：

武家的側面：

クイズQ 次のうち，平清盛以外で武家として太政大臣になった人物は誰？　①源頼朝　②足利尊氏　③徳川家康

17　3 鎌倉に新たな武家政権が成立した

鎌倉幕府はどのような特徴をもった政権だったのだろうか。

令旨　親王や皇族の命令書。

❷のヒント　後白河法皇の子。平氏の圧力で親王になれなかったともいわれる。
❸・❹のヒント　従兄弟同士である。
❺のヒント　平氏の所領。外港として大輪田泊があった。

⓬のヒント　政務を担当。
⓭のヒント　訴訟を担当。

⓳のヒント　もともとの所領の支配を認める。
⓴のヒント　新たな所領の地頭に任命する。

1 源平の争乱

①平氏政権に対する不満と反発
・❶__________年，❷__________が源頼政の武力を頼り挙兵→失敗
・❷__________の令旨が各地の源氏にもたらされる
・伊豆の❸__________，信濃の❹__________ら挙兵→全国的内乱へ
②平清盛，摂津国の❺__________遷都……貴族や寺社の反発で半年で戻る
・平清盛の死，西日本を襲う飢饉→平氏の弱体化
・1183年，平氏，❹__________に敗れ，安徳天皇とともに都落ち
③❻__________，院政復活…後鳥羽天皇を即位させる
・❹__________に平氏追討を命じる
・❸__________に上洛を命じるが応じず→❸__________，
❼__________・範頼を派遣し，❹__________を滅ぼす
④1185年，❼__________・範頼，❽__________の戦いで平氏を滅ぼす

2 鎌倉幕府の成立

①❸__________，挙兵後❾__________を拠点。❿__________を設置
・1183年，東国の支配権を朝廷から承認(⓫__________)
・公文所(のちの⓬__________)，⓭__________の設置
②平氏滅亡後，❼__________追討の名目で⓮__________を設置，段別5升の兵糧米を徴収する権利を朝廷に認めさせる
・諸国の軍事・警察権は⓯__________に引き継がれる
→❸__________の勢力，西国にもおよぶ
③1189年，❼__________をかくまった奥州藤原氏を滅ぼす
④1190年，❸__________，右近衛大将に任じられる
⑤1192年，❻__________死後，⓰__________に任じられる

3 鎌倉幕府と朝廷

①鎌倉幕府は，将軍と⓱__________との主従関係を根本とする(封建制度)
・将軍からの⓲__________…⓳__________や⓴__________
←⓱__________は軍役，京都大番役などの㉑__________をおこなう
・⓮__________…荘園・公領の年貢の徴収，所領内の犯罪人の逮捕
・⓯__________…国内の⓱__________への大番役の催促，謀叛人や殺害人などの逮捕などの治安維持，戦時は⓱__________の統率
②鎌倉幕府は，東国を基盤としながらも全国の軍事・警察権を担う軍事政権。しかし，朝廷も依然として行政権をもっている

資料 から考えてみよう

■荘園公領制のしくみ(院政期)

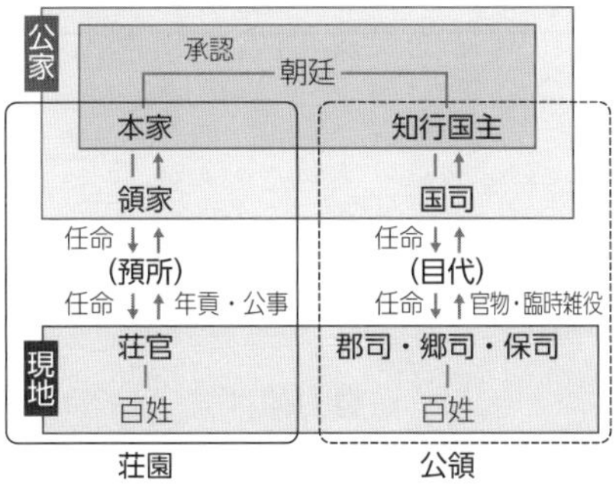

■荘園公領制のしくみ(鎌倉時代)

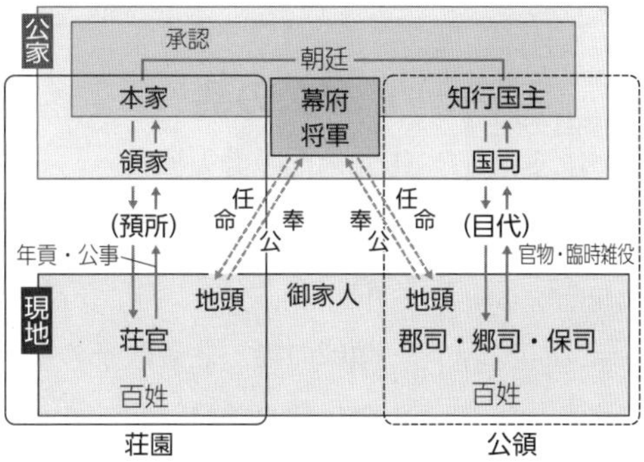

問1　上の２つの図を比較して，異なる部分を答え，そのことの意味を考えてみよう。

問2　幕府ができたことで，地方支配のしくみはどのように変化したのか，考えてみよう。

問いにチャレンジ

①平氏政権と鎌倉幕府の相違点と共通点をまとめてみよう。

朝廷との関係と，経済的基盤に着目して考えてみよう。

相違点：

共通点：

②内乱のなかで源頼朝はどのような権限を獲得していったかまとめてみよう。

次の表の空欄に書きこみながら，考えてみよう。

1180年	(A：　　　　　)の設置	武士を統率するために設置。
1183年	寿永二年十月宣旨	朝廷に(B：　　　　　)一帯の支配権を承認される。
1184年	(C：　　　　　　)(のち(D：　　　　　))の設置	政務や財務を担当する機関。
	(E：　　　　　　)の設置	訴訟を処理する機関。
1185年	地頭(国地頭)の設置	頼朝の勢力範囲が(F：　　　　　)に拡大。

クイズQ 次のうち，「鎌倉七口」といわれるものではないものは？　①釈迦堂口切通し　②朝比奈切通し　③名越切通し

18　1 鎌倉幕府の支配が広がる

? 鎌倉幕府と朝廷の関係はどのように変化しただろうか。

親裁　君主などが自ら判断を下すこと。

別当　長官のこと。

❻のヒント　後白河法皇の孫。法皇によって，安徳天皇が壇ノ浦に没した後，天皇となる。

⓫のヒント　それまでの地頭は本補地頭。
⓬のヒント　かつて平氏一門の邸宅があった場所。

1 承久の乱

①北条氏の勢力拡大
・源頼朝の急死(1199年)→子の❶＿＿＿＿，２代目の将軍に
・❶＿＿＿＿の政治を御家人が補佐
・頼朝の妻，北条政子の父❷＿＿＿＿が勢力伸ばす
・❷，❶の弟❸＿＿＿＿を３代将軍に
・❷＿＿＿＿の子❹＿＿＿＿，政所と侍所の別当を兼任→❺＿＿＿＿とよばれ，権力を掌握。その地位は北条氏が継承
②❻＿＿＿＿の院政
・北面の武士に加え，❼＿＿＿＿を置き，軍事力強化
・1219年，❸＿＿＿＿が暗殺され，源氏の正統が途絶える
→摂関家の❽＿＿＿＿を将軍にむかえる
③1221年，❻＿＿＿＿，❹＿＿＿＿追討の命令を発する
・北条政子は，御家人たちを前に演説し，御家人の奮起をうながす
・幕府は，❹＿＿＿＿の子❾＿＿＿＿らの軍勢を京都へ送り，上皇方を破る(❿＿＿＿＿)
④幕府は，朝廷に対して絶対的優位に立つ
・幕府は上皇方についた貴族や武士の所領を没収
→あらたに御家人に与える(⓫＿＿＿＿)
・幕府は京都に⓬＿＿＿＿を置く
…朝廷の監視と西国御家人の統括。幕府が朝廷政治に干渉

2 執権政治

①執権❾＿＿＿＿の政治
・執権を補佐する⓭＿＿＿＿の設置
・有力御家人を⓮＿＿＿＿に任命，合議制にもとづく政治
・1232年，⓯＿＿＿＿(貞永式目)定める…御家人の権利や義務，裁判の基準を明確化。武家社会のみに適用。のちの武家法にも影響を与えた
②執権⓰＿＿＿＿の政治
・1249年，訴訟機関として引付を設置，⓱＿＿＿＿を任命
・皇族から将軍をむかえ，幕府の権威を高める

資料から考えてみよう

問1　右の史料は，誰が誰にあてて書いた手紙か，役職名も付けて答えよう。

史料 ■御成敗式目制定の趣旨

さてこの式目をつくられ候事は、なにを本説として注し載せらるるの由、人さだめて謗難を加ふる事候か。ま事にさせる本文にすがりたる事候はねども、たゞどうりのおすところを記され候者也。……この状は……武家の人へのはからひのためばかりに候。これによりて、京都の御沙汰、律令のおきて、聊もあらたまるべきにあらず候。

問2　御成敗式目は何を「本説」（根拠）にしてつくられたものといっているか。史料からわかる言葉を抜き出そう。

問3　御成敗式目はどのような目的でつくられたのか，史料からわかる言葉を抜き出そう。

問4　御成敗式目では裁判の基準を明確にしたが，裁判の基準となるものは何か，教科書を読んで答えよう。

問いにチャレンジ

①幕府の政治体制はどのように変わっただろうか。

次の表の空欄に書きこみながら，考えてみよう。

将軍	執権	出来事・特徴
①源頼朝		
②(　　　　　)		
③(　　　　　)	1 (　　　　　)	
	2 (　　　　　)	政所別当と侍所別当を兼ね，権力を掌握。摂関家出身の将軍をむかえる。1221年　承久の乱
④九条頼経	3 (　　　　　)	執権を補佐するA(　　　　)を設置。有力御家人をB(　　　　　)に任命，合議制。1232年　C(　　　　　　　　)制定
	4 北条経時	
⑤九条頼嗣	5 (　　　　　)	1249年　訴訟機関のD(　　　　)を整備。皇族を将軍にむかえる
⑥宗尊親王		
⋮	⋮	

クイズQ 鶴岡八幡宮の本殿の額に書かれている「八」の字は，ある動物の形をしているが，それは何？　①猿　②鳩　③象

19
2 武士の土地支配が深まった
3 農業が発達し，銭の流通がすすんだ

? 武士の土地支配とはどのようなものだっただろうか。

笠懸　騎馬で遠距離の的を射る。

❷のヒント　走らせた馬上から3つの的を連続して射る。

犬追物　馬上から鏃をつけない蟇目鏑矢で犬を射る。

? 農業生産力の向上は，どのような変化をもたらしただろうか。

❿のヒント　刈り取った草葉を埋めて腐敗させる。

⓫のヒント　草や枝を燃やして灰にしたもの。

荏胡麻　シソ科の一年草。実を絞って灯火用の油とした。

⓭のヒント　定期市のうち，月に三回程度開かれるもの。

1 武士の生活

①武士の日常

・地頭として支配する所領に堀や土塁で囲まれた館を構える

・周辺には直営地(佃・門田)があり，❶＿＿＿＿・所従などが耕作

・笠懸・❷＿＿＿＿・犬追物の騎射三物などをおこない，武芸を習練

②一族の統制

・❸＿＿＿＿…嫡子である❹＿＿＿＿が大部分の土地を相続し，❺＿＿＿＿(女子も含む)には領内の村々を分け与える

・❹＿＿＿＿制…❹＿＿＿＿が一族の年貢納入や軍役奉仕の分配，戦の際の指揮をおこなう

2 武士の土地支配

・地頭は土地や農民への支配を強め，農民が地頭の非法を訴えることもあった

・荘園領主との間でも現地支配をめぐる紛争が増加

→❻＿＿＿＿…現地支配を地頭に委ね，一定額の年貢を納めさせる

→❼＿＿＿＿…土地を荘園領主と地頭が分割，相互不可侵を約す

3 農業生産力の向上

・名主や小百姓などの農民が耕地開発に努め，農業生産力が高まる

・畿内から西国にかけて多収穫で災害に強い❽＿＿＿＿の生産や，麦を裏作とした❾＿＿＿＿が広まる

・❿＿＿＿＿や⓫＿＿＿＿などの肥料を使用

・鉄製の鍬・鋤や，牛や馬を利用した牛馬耕が普及

・桑や麻，荏胡麻などの⓬＿＿＿＿の栽培や加工もおこなわれる

4 商工業の発達

①商工業の形態

・交通の要衝や寺社の門前などで定期市(おもに⓭＿＿＿＿)

・大都市では常設の小売店である見世棚も現れる

・一部の商工業者は，⓮＿＿＿＿とよばれる同業者組合を結成

→貴族や有力寺社に奉仕や貢納をする代わりに営業上の特権を認めてもらう

②貨幣経済の広まり

・輸入された⓯＿＿＿＿が用いられ，年貢や公事の代銭納がおこなわれたほか，遠隔地の米や銭の決済には⓰＿＿＿＿が用いられる

・金融業者である⓱＿＿＿＿や，年貢の保管・輸送をおこなう問丸・問が出現

資料から考えてみよう

問1　右の史料を読み，地頭がどのような非法をおこなっているか，まとめよう。

史料　■地頭の非法（紀伊国阿氐河(あてがわ)荘百姓等の片仮名の訴状）（高野山文書）

阿テ河(あてがわ)ノ上村百姓ラツヽ(謹)(ン脱落)シテ言上(ごんじょう)　（略）
一、ヲンサイモク(御材木)ノコト、アルイワチトウ(地頭)ノキヤウシヤウ(京上)①、アルイワチカフ(近夫)②トマウ(申)シ、カクノコトク(如)ノ人フ(夫)ヲ、チトウ(地頭)ノカタエせメツカワレ(責使)候ヘハ、ヲ(テ)マヒマ候ワス候。……ヲレラカコノムキマ(麦)カヌ(蒔)モノナラハ、メコトモ(妻子)ヲイコメ(追籠)、ミヽ(耳)ヲキリ、ハナ(鼻)ヲソキ(削)、カミ(髪)ヲキリテ、アマ(尼)ニナシテ、ナワホタシ(縄絆)③ヲウチテ、サエナマント(苛)候ウテ、せメ(責)せンカウ④せラレ候アイタ(間)、ヲンサイモクイヨイヨヲソナワリ(遅)候イヌ。（略）
ケンチカンネン(建治元年)十月廿八日　百姓ラカ上

注①京上―京都にのぼること　②近夫―近所で使役される人夫　③ナワホタシ……―縄やひもで縛る　④せメせンカウ―せっかんする

問2　左の絵中Aの人物は諸国を遊行したことで知られているが，誰か答えよう。　（　　　　）

問3　描かれているのはどのような場所か，根拠をあげて答えよう。

問いにチャレンジ

①荘園の支配はどのように変わっただろうか。荘園領主と地頭の関係から考えてみよう。

地頭の荘園内での役割や年貢の扱い方を，(1)鎌倉時代初期，(2)地頭請がおこなわれた場合，(3)下地中分がおこなわれた場合の3つのケースについてまとめてみよう。

(1)
(2)
(3)

②貨幣経済の普及によって，人々の生活にどのような変化が生じただろうか。

貨幣経済が広まったことで，便利になったと思われることをあげてみよう。

クイズQ　大唐米はその色からなんとよばれた？　①黒米　②赤米　③黄米

20　4 モンゴルの脅威がせまってきた

？ 蒙古襲来は，日本にどのような影響を与えたのだろうか。

1 モンゴル帝国の拡大

・13世紀，❶＿＿＿＿がモンゴル帝国を建国し，領土を急速に拡大

・孫の❷＿＿＿＿が中国北部を支配して都を大都(北京)とし，国号を元と改める

2 蒙古襲来

①元の要求

・❷は❸＿＿＿＿を服属させ，日本にも朝貢を求める

・執権❹＿＿＿＿はこれを拒否し，九州の御家人に❺＿＿＿＿を課して北九州沿岸の防備を固める

② 2 度の襲来

・❻＿＿＿＿の役…1274年，元・❸軍約 3 万が対馬・壱岐を襲撃した後，博多湾に上陸。御家人は悩まされながらも，元軍を退却させる

→幕府は再襲来に備えて博多湾岸に❼＿＿＿＿を築かせ，非御家人も動員する体制を整える

・❽＿＿＿＿の役…1281年，元軍約14万が再び博多湾に襲来。御家人の奮戦や暴風雨により元軍は退却

3 得宗専制

・幕府では時宗の外戚で有力御家人の❾＿＿＿＿が政治を主導

・1285年，北条氏嫡流当主(❿＿＿＿＿)の家臣(御内人)の筆頭である⓫＿＿＿＿が❾を滅ぼす(⓬＿＿＿＿)

・幕府の政策は❿＿＿＿＿の私邸での会合で決定され，全国の守護職も❿や北条一門に集中→❿専制の成立

4 御家人の窮乏と幕府の衰退

①御家人の窮乏

・所領の細分化や貨幣経済の発達，蒙古襲来の影響で窮乏する御家人が増加

→御家人のなかには所領を売却・質入れする者が多数現れる

②幕府の対応と失敗

・1297年，幕府は⓭＿＿＿＿を出し，御家人が売却・質入れした土地の無償返還を命じる→効果は一時的

・畿内周辺では幕府や荘園領主に反抗して各地で略奪をおこなったり，年貢納入を拒否したりする⓮＿＿＿＿が出現

→御家人のみならず多様な階層から❿専制への不満が高まる

❸のヒント　新羅などを滅ぼして936年に朝鮮半島を統一。

非御家人　将軍と主従関係を結んでいない武士。朝廷や貴族，大寺社に仕えた者など。

❿のヒント　北条義時の法名に由来するといわれる。自らが執権を兼ねる場合と，一族を執権に任命する場合とがある。

⓮のヒント　没落した御家人のほか，商工業者や名主なども含んでいた。

資料から考えてみよう

問1　右の「蒙古襲来絵詞」の絵を見ながら，元軍と幕府方の戦い方の違いをまとめよう。

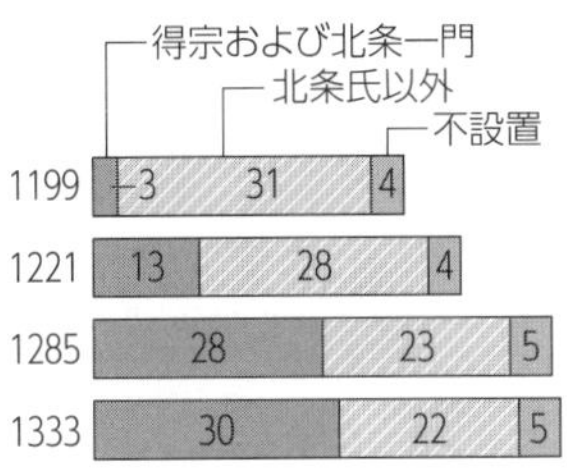

問2　左の「北条一門の守護数の推移」のグラフから，各年代における守護全体の中での得宗および北条一門が占める割合を計算しよう。

1199年：(　　　)％　　1221年：(　　　)％

1285年：(　　　)％　　1333年：(　　　)％

問いにチャレンジ

①蒙古襲来の前後，幕府の政治はどのように変化しただろうか。

(1)北条泰時の頃の政治のあり方と，(2)蒙古襲来後の政治のあり方をまとめて，比較してみよう。

(1)

(2)

②鎌倉時代後期に御家人たちが窮乏した理由は何だろうか。

1　なぜ所領が細分化されたのだろうか。当時の武士の家のあり方から考えてみよう。

2　蒙古襲来の戦の性格や御恩と奉公の関係から考えてみよう。

クイズQ　13世紀にアジアを旅したマルコ＝ポーロが「黄金の国」だと紹介したのはどこ？　①元　②日本　③高麗

21　5 新しい仏教の教えが人々をとらえた

? 鎌倉時代の仏教や芸術にはどのような特色があるだろうか。

1 救いを求める人々

・仏教界では，❶　　　　仏教や天台宗・真言宗が朝廷や幕府に保護

・戦乱や災害，飢饉が続き，あらゆる階層の人々が個人の救済を求める

2 新たな仏教界の動き

①新しい教え

・❷　　　　…往生の唯一の手段は❸　　　　(南無阿弥陀仏)を称えることだとして専修念仏を説く

・❹　　　　…罪深さを自覚している悪人こそが阿弥陀仏によって救われるという❺　　　　を説く

・❻　　　　…全国を遊行し，❼　　　　を通じて教えを広める

・❽　　　　…妙法蓮華経こそ正しい教えだとして，❾　　　　(南無妙法蓮華経)を唱えることを説く

・❿　　　　…宋に留学し，自力で悟りを見出そうとする禅宗を学んで，臨済宗を伝える

・⓫　　　　…宋で学んで曹洞宗をもたらし，⓬　　　　を修行の中心に位置づけて(只管打坐)，越前に永平寺をひらく

→幕府は臨済宗を重んじ，宋から蘭溪道隆や無学祖元といった高僧を招く

②従来の仏教の革新運動

・法相宗の貞慶や華厳宗の明恵らは，❷を批判し戒律の復興に努める

・律宗の叡尊と弟子の⓭　　　　は，貧民救済などの社会事業をおこなう

3 鎌倉時代の文学・学問

・貴族や僧侶による伝統文化に武士の力強い気風が加わり鎌倉文化が形成

・『⓮　　　　』…源平の争乱を記した軍記物語。⓯　　　　が無常観を交えて語り伝える

・『⓰　　　　』…後鳥羽上皇の命で⓱　　　　・藤原家隆らが編纂した和歌集

・『⓲　　　　』…慈円による歴史書。道理によって歴史を解釈する

・鴨長明の『方丈記』や⓳　　　　の『徒然草』が無常観から世相を表す

4 建築・彫刻・絵画

・⓴　　　　が東大寺復興のために諸国をめぐって寄付をつのる

→再建された東大寺南大門は，南宋の建築様式(大仏様)

・奈良の仏師㉑　　　　・快慶が，写実的で力強い肖像彫刻を制作

・藤原隆信・信実父子が写実的な肖像画である似絵を確立

❷のヒント　浄土宗の開祖。当初は延暦寺で修業した。

❹のヒント　浄土真宗の開祖。❷の弟子。

❻のヒント　時宗の開祖。

❽のヒント　法華宗の開祖。幕府や他宗派を批判して迫害される。

蘭溪道隆・無学祖元　どちらも宋から来日した僧侶。それぞれ鎌倉に建立された建長寺，円覚寺の開山となった。

戒律　僧尼が守るべき規範。

無常観　すべてのものには移り変わりがあり，1つとして同じ状態であり続けるものはないというものの見方。

南宋　宋が金の攻撃を受けて江南に遷ったもの。元の攻撃を受け，1279年滅亡。

p.43クイズの答え　②

資料から考えてみよう

問1　右の史料はある宗派の開祖の教えを弟子がまとめたものだが，その開祖は誰か答えよう。（　　　　　　）

問2　右の史料の傍線部①「他力を頼み奉る」とは誰の力を頼ることか，答えよう。（　　　　　　　　　　　）

史料　■悪人正機説（『歎異抄』）

善人なほもちて往生を遂ぐ、況んや悪人をや。しかるを、世の人、常に言はく、「悪人なほ往生す。いかに況んや善人をや」と。……煩悩具足のわれらはいづれの行にても、生死をはなるゝことあるべからざるを憐み給ひて、願を起し給ふ本意、悪人成仏のためなれば、①他力を頼み奉る悪人、もつとも往生の正因なり。よつて「善人だにこそ往生すれ、まして悪人は」と仰せ候ひき。

問3　左の写真は何という修行をしているか，答えよう。（　　　　　　　）

問4　この修行を中心とするのが曹洞宗であるが，曹洞宗にはどのような特徴があるか，考えてみよう。

問いにチャレンジ

①鎌倉時代に新たな仏教の宗派が多く誕生し，従来の仏教界でも革新運動がおこったのはどうしてだろうか。

従来の仏教がどのような人を対象にしていたか，また当時の世相のありようや，そこからどのような人々が救済を求めていたかについて考えてみよう。

②鎌倉時代の文学には，どのような特色がみられるだろうか。

この時期の文学作品に仏教がどのような影響を与えたか，考えてみよう。

22　1 列島全体に動乱が続いた

鎌倉幕府滅亡後，どのような動きがおこったのだろうか。

❶のヒント　後深草天皇からはじまる。
❷のヒント　亀山天皇からはじまる。

❺のヒント　河内の豪族。巧みな兵略で知られる。湊川の戦いで敗死。

⓫のヒント　北条氏を先代，足利氏を後代(当代)とし，その中間におこったことから，この名称になったといわれる。

⓮のヒント　倹約，女性や僧侶の政治介入の禁止，賄賂の禁止などを定める。

1 鎌倉幕府の滅亡

①朝廷の分裂

・13世紀後半，朝廷は❶________と❷________に分裂

・幕府は，両統による相互の皇位継承(❸________)を支持

②幕府の滅亡

・1318年，❷の❹________が即位→討幕を計画
　→２度失敗し隠岐に流されるが，護良親王や❺________らが悪党などを集めて挙兵

・1333年，有力御家人の❻________(のち尊氏)が六波羅探題を，新田義貞が鎌倉を陥落させる

2 建武の新政とその挫折

・❹________は年号を建武と改め，政治を主導…建武の新政

・土地所有の認定に天皇の命令書(❼________)を必須とする

・重要政務を扱う❽________や訴訟を扱う❾________を置く

・諸国に守護と❿________を併置し，鎌倉や陸奥には皇子を派遣して統制
　→武士より公家に手厚い恩賞や人事の偏り，新内裏造営のための増税などによって多くの階層から不満が噴出

3 南北朝の内乱

・1335年，北条氏の残党による⓫________が発生し，鎌倉を占拠→⓬________はこれを鎮圧し，そのまま❹から離反

・1336年，⓬が❺らを破って京都を制圧。❶の⓭________を擁立し(北朝)，武家政権の方針を示す…⓮________
　→❹は大和国の⓯________に逃れ，正統を主張(南朝)
　→朝廷が分裂し，全国の武士も分かれて60年近く争う…南北朝の内乱

・1338年，⓬が征夷大将軍となり，幕府を開く→のちの⓰________幕府

・⓬が軍事と恩賞給付，弟の⓱________が司法・行政を司る二頭政治が成立

4 内乱の長期化

・⓬・⓱の間で争いがおこり，全国的戦乱となる…⓲________
　→争いは⓬側が勝利

・各武士団の中でも⓳________と庶子の間で所領をめぐる争いが発生
　→各地で争いをおこした武士がそれぞれ分裂した朝廷や足利兄弟に接近したため，内乱が長期化・複雑化

資料から考えてみよう

問1　右の史料を読んで，建武の新政期の京都でどのようなことがおこっていたか，まとめよう。

史料　二条河原落書（『建武年間記』）

此比都ニハヤル物、夜討強盗謀綸旨、召人早馬虚騒動、生頸還俗①自由出家②、俄大名③迷者、安堵④恩賞虚軍⑤、本領ハナルヽ訴訟人、文書入タル細葛、追従⑥讒人⑦禅律僧⑧、下克上⑨スル成出者……

注①還俗―一度出家した者が俗人にかえること　②自由出家―俗人が勝手に僧になること　③俄大名―急に大名になった者　④安堵―土地所有権を保証してもらうこと　⑤虚軍―本領安堵欲しさにありもしない合戦をつくりあげること　⑥追従―おべっかを使うこと　⑦讒人―人の悪口を言う者　⑧禅律僧―禅宗や律宗の僧　⑨下克上―下の者が上の者をしのぐこと

問2　下の地図を見て，次の①～⑤の場所が地図中のA～Eのどこにあたるか，答えよう。

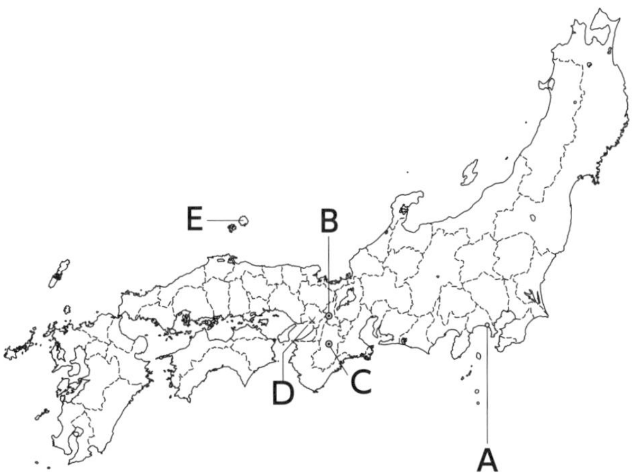

①後醍醐天皇が流される
（　　　）

②足利高氏が六波羅探題を陥落させる
（　　　）

③中先代の乱で占拠される
（　　　）

④足利尊氏が楠木正成らを破る
（　　　）

⑤後醍醐天皇が南朝の根拠地とする
（　　　）

問いにチャレンジ

①後醍醐天皇はなぜ鎌倉幕府を倒そうとしたのだろうか。

この頃の皇位継承のあり方とそれに対する幕府の関わりをまとめてみよう。

②建武の新政が支持を得られなかったのはなぜだろうか。

鎌倉幕府打倒の際に活躍したのはどのような人たちか，また建武の新政の結果どのような人たちが重用されたか，まとめてみよう。

クイズQ　現在，皇居外苑に銅像がある武将は誰？　①足利尊氏　②新田義貞　③楠木正成

23　2 守護大名が台頭する

? 室町幕府はどのような支配体制を築いたのだろうか。

1 守護大名の領国化

①守護の権限拡大

・❶＿＿＿＿…守護が荘園・公領の年貢の半分を戦費として徴収することを認める。当初は期間や範囲が限定されていたが，しだいに拡大解釈される

・❷＿＿＿＿…守護が荘園・公領の年貢徴収を請け負う

→国司の行政権を吸収するとともに国内の武士を統制下において任国の領国化をすすめる…❸＿＿＿＿

②国人の動き

・❸＿＿＿＿の家臣となる

・地域的結合によって❹＿＿＿＿を契約し，守護に抵抗したり独自の支配権を行使する

国人　もと，地頭や荘官だった階層の武士。

2 幕府支配の安定

・3代将軍❺＿＿＿＿は，❻＿＿＿＿を整備

・美濃の土岐氏や山陰の❼＿＿＿＿氏，周防の大内氏を討伐

・京都室町に「❽＿＿＿＿」を造営し，1392年には南北朝合一を実現

→❺は将軍職を❾＿＿＿＿に譲った後も公武双方の頂点に君臨

❻のヒント　将軍の直轄軍。

3 幕府の組織と財源

①幕府の政治機構

・❿＿＿＿＿…将軍の補佐。有力一門の⓫＿＿＿＿・細川・畠山の3氏が交代でつく(三管領)

・⓬＿＿＿＿…京都の司法・治安維持。長官(所司)は，山名・赤松・一色・京極の4氏から選ばれる(四職)

・⓭＿＿＿＿…関東・奥羽を統治。長官(鎌倉公方)は，足利基氏の子孫が世襲→しだいに将軍と対立

・⓮＿＿＿＿…鎌倉公方の補佐。上杉氏が世襲

足利基氏　足利尊氏の4男。初代鎌倉公方。

②幕府の財源

・直轄領(⓯＿＿＿＿)からの年貢収入

・土倉・酒屋に課す土倉役・酒屋役，関銭・津料などの通行税，貿易の利益

・田畑や家屋への臨時課税(⓰＿＿＿＿・棟別銭)

土倉・酒屋　質屋・高利貸し業者。

⓰のヒント　田畑にかける臨時税。棟別銭は家屋にかける臨時税。

4 幕府と守護の関係

・❸は在京して政治に参加→領国統治は⓱＿＿＿＿に任せる

→在京することは貴重品の購入や文化的素養の吸収といった利点もあった

資料から考えてみよう

問1　右の写真は国人一揆の署名部分である。これを何とよぶか。

(　　　　　　　　　　　　)

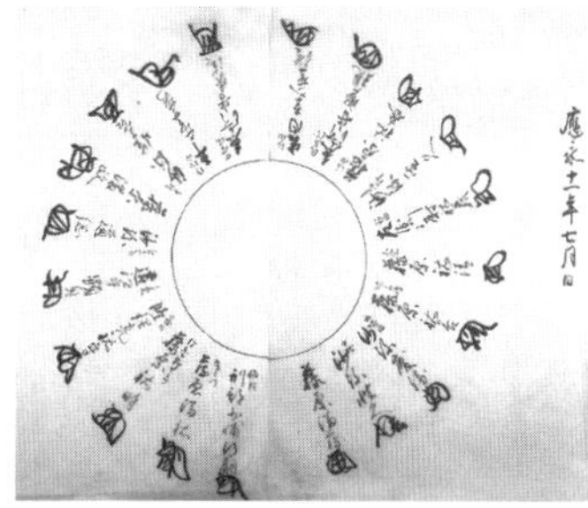

問2　右の写真はなぜこのような形状になっているのだろうか。

問3　右の「守護の権限拡大」の図について，次の説明をもとにA～Eの語句を答えよう。

	鎌倉前期	鎌倉後期	南北朝時代	室町時代
軍事警察関係	●大犯三カ条			
	●1232～夜討・強盗・山賊・海賊を逮捕する権限			
		●1310～（　A　）の取締権		
司法			●1346～（　B　）権	
所領給与			●1352～（　C　）の給与権	
			●闕所(けっしょ)(没収地)の預置権	
課税			●一国平均役・（　D　）の徴収権	
請負				●14世紀末～（　E　）

A：稲を一方的に刈り取って土地の所有を主張する行為。　(　　　　　　)

B：幕府の判決を強制執行すること。　(　　　　　　)

C：荘園・公領の年貢の半分を武士の戦費とすること。　(　　　　　　)

D：国家的行事などに際して田畑にかける臨時税。　(　　　　　　)

E：守護が荘園・公領の年貢徴収を請け負うこと。　(　　　　　　)

問いにチャレンジ

①守護大名の成長の過程をまとめてみよう。

鎌倉時代の守護と室町時代の守護大名の領国内におけるほかの武士との関係をまとめてみよう。

②室町幕府の特色はどのような点にあっただろうか。

(1)守護大名の役割，(2)幕府の財源，の2点についてその特色をまとめてみよう。

(1)

(2)

クイズQ　三管領のうち管領になった回数が最も多いのは何氏？　①斯波氏　②畠山氏　③細川氏

24
3 東アジア世界と交流する
4 商品の流通が活気を生んだ

? 室町時代の日本は，東アジア諸国とどのような交流をもったのだろうか。

❶のヒント　前期と後期に分かれる。前期は主に北九州や瀬戸内の漁民や商人が中心であった。

永楽通宝　明の3代皇帝永楽帝の時代に鋳造された銅銭。

❾のヒント　日本では戦国時代になって三河などで生産された。

? 室町時代の産業はどのように発達しただろうか。

⓱のヒント　馬の背に荷物を載せる運送業者。車借は馬や牛にひかせた車に荷物を載せる運送業者。

1 倭寇と日明貿易

①倭寇の活動

・南北朝期以降，中国や朝鮮沿岸を荒らす武装集団(❶＿＿＿＿)が出現
　→略奪や密貿易をおこない，東シナ海全域に活動を広げる

②日明貿易

・1368年，❷＿＿＿＿が明を建国。日本に❶取りしまりと朝貢を要求
・足利義満が「日本国王」に冊封され，1404年から朝貢貿易開始
　→正式な貿易船の証として❸＿＿＿＿を用いる…❸＿＿＿＿貿易
　→永楽通宝などの❹＿＿＿＿や，絵画・陶磁器などの唐物を輸入
・幕府が衰えると，大内氏と細川氏が貿易の主導権を争う
　→1523年の❺＿＿＿＿以降は，博多商人と結ぶ大内氏が独占

2 日朝間の交流

・1392年，❶の被害で衰退した高麗にかわり❻＿＿＿＿が朝鮮を建国
・1419年，朝鮮が❶の根拠地とみなし対馬を襲撃…❼＿＿＿＿
・対馬の❽＿＿＿＿の統制下で貿易がはじまり❾＿＿＿＿などを輸入
　→1510年の三浦の乱以降，日朝貿易は衰退

3 琉球王国

・1429年，中山王❿＿＿＿＿が三山を統一して琉球王国を建国
　→日本や明，東南アジアと貿易をおこない，那覇は中継港として繁栄

4 蝦夷ヶ島

・アイヌが狩猟生活をおこない，津軽の⓫＿＿＿＿を拠点とする安藤氏と交易→鮭や昆布，毛皮などが日本海経由で畿内にもたらされる
・1457年，取引をめぐって和人とアイヌが争い，⓬＿＿＿＿が蜂起するが，蠣崎氏が鎮圧→蠣崎氏がアイヌとの交易を独占

5 農業技術の進歩

・草木灰や刈敷に加えて⓭＿＿＿＿(人糞尿)や厩肥を使用
・畿内周辺では稲・麦に蕎麦を加えた⓮＿＿＿＿がおこなわれる

6 列島を行き交う人とものの流れ

・定期市の回数が多くなり，月に6回の⓯＿＿＿＿も現れる
・陸上・水上の流通路に多くの⓰＿＿＿＿が設けられる
・京都近郊では⓱＿＿＿＿・車借などの運送業者が活動
・悪銭を忌避して良銭の受け取りを求める⓲＿＿＿＿が広まる
　→幕府や守護大名はたびたび⓲＿＿＿＿令を発令

資料から考えてみよう

問1　右の史料の傍線部①「日本准三后某」とは誰のことか，答えよう。

（　　　　　　　　　　）

問2　日明貿易のように，日本が中国の臣下となり献上物を持参しておこなう貿易を何というか，答えよう。（　　　　　　　　　　）

問3　下の絵で描かれているような密貿易や略奪をおこなう人々を何というか，答えよう。（　　　　　　　　　　）

史料　■日明貿易の開始（『善隣国宝記』）

日本准三后某①、書を大明皇帝陛下に上る。日本国開闢以来、聘問①を上邦②に通ぜざるなし。某、幸に国鈞を秉り海内虞れなし。特に往古の規法に遵いて、肥富をして祖阿に相副へて好を通じ方物を献ぜしむ。……

注①聘問―あいさつの使　②上邦―あなたの国

問いにチャレンジ

①倭寇の活動は，東アジアにどのような影響を与えたのだろうか。

倭寇の活動が日中関係や日朝関係に与えた影響をまとめてみよう。

②日明貿易や日朝貿易はどのように推移しただろうか。

16世紀以降，日明貿易と日朝貿易がどうなったかまとめてみよう。

③室町時代の産業の特色を，鎌倉時代と比較して考えてみよう。

定期市の回数が増えたり，多くの座や関が設けられるようになったのはなぜか，考えてみよう。

クイズQ　当時もっともよい銭とされていたのはどれ？　①宋銭　②明銭　③国産の模造銭

25　5 団結して立ち上がる民衆

? 戦乱や災害のなかで，人々はどのように対応し，何を要求したのだろうか。

1 一揆の社会

・❶＿＿＿＿とは「揆(方法)を一つにする」という意味
・しだいに問題解決のために結成した集団やその闘争をさすようになる
・戦乱や頻発する地域紛争のなかであらゆる階層でみられるようになる
→構成員間の対等と合議が重んじられ，団結して敵対する部外者に対抗

2 惣村の形成

・惣(惣村)…畿内やその周辺で成立。名主や小百姓を中心とする自治的村落
・宮座を中心に❷＿＿＿＿を開き，乙名や沙汰人といった指導者を選出
・祭礼や農作業の運営，用水や入会地の管理に関する❸＿＿＿＿(村掟)
・掟に違反した者に制裁を科す…❹＿＿＿＿(自検断)
・村全体の責任で領主への年貢納入を請け負う…❺＿＿＿＿(村請)
→惣は領主に対して不当な代官の罷免や年貢の減免を要求するようになり，受け入れられない場合は，強訴や逃散といった実力行動をとった

宮座　村の氏神や鎮守神を守り，神事をおこなう農民の祭祀組織。

入会地　村の共有地である山林，原野。肥料や燃料，飼料を調達した。

3 幕府政治の動揺

①義持・義教の政治
・４代将軍足利❻＿＿＿＿…有力守護大名と協調して安定した政治
・６代将軍足利❼＿＿＿＿…守護大名を抑圧して専制的な政治をおこなう
②将軍権威の失墜
・❽＿＿＿＿…1438年，鎌倉公方❾＿＿＿＿が，関東管領❿＿＿＿＿の制止を振り切って反乱をおこし，翌年に❼＿＿＿＿に滅ぼされる
→❾の遺児が下総で蜂起する(結城合戦)など，関東の政情は混迷
・⓫＿＿＿＿…1441年，播磨の守護大名⓬＿＿＿＿が将軍❼を謀殺→⓬は幕府に討たれたが，将軍の権威は大きく失墜

4 土一揆の発生

・⓭＿＿＿＿…1428年，飢饉や疫病，将軍の空位などが重なり，近江の馬借が⓮＿＿＿＿を要求して蜂起
→酒屋・土倉や寺院を襲い，借金証文を破棄
・播磨の土一揆…1429年，守護軍の退去を求めて民衆が蜂起
→⓬＿＿＿＿が鎮圧
・⓯＿＿＿＿…1441年，「代始めの⓮＿＿＿＿」を求めた民衆が蜂起し，幕府ははじめて徳政令を公布
→これ以後，⓮＿＿＿＿を求める土一揆が多発し，幕府も⓮令を乱発

土一揆　土民(農民，運送業者などの民衆)がおこす一揆。

将軍の空位　❻が死去して❼が後継に決まっていたが未就任だった。

資料から考えてみよう

問1　右の史料の二つの条文を現代語訳してみよう。

（解答欄）

史料　■惣掟（『今堀日吉神社文書』）

定　今堀地下掟の事　合延徳元年己酉

十一月四日

一、惣ヨリ屋敷請け候て①、村人ニテ無き物置くべからざる事

一、惣ノ地ト私ノ地ト、サイメ相論②ハ金ニテすますベシ……

注①屋敷を借りて　②境目争い

史料　■正長の土一揆（『大乗院日記目録』）

正長元年①九月　日、一天下の（　A　）蜂起す。徳政と号し、（　B　）・寺院等を破却せしめ、雑物等恣にこれを取り、借銭等悉くこれを破る。官領②これを成敗す。およそ亡国の基これに過ぐべからず。日本開白③以来、（　A　）蜂起これ初めなり。

注①正長元年―一四二八年　②官領―管領畠山満家　③開白―開闢、はじまり

問2　左の史料の空欄A・Bにあてはまる語句を答えよう。

A（　　　　　）　B（　　　　　　　　）

問3　左の史料の傍線部①部分について説明した以下の文章の空欄Xにあてはまる語句を答えよう。

（　　　　　　　）

人々は（　X　）の実施を求めて蜂起し，自らの実力で勝手に（　X　）を実施した。

問いにチャレンジ

①惣村とはどんな組織で，どのように運営されていたのだろうか。

惣村でおこなわれた地下検断，地下請とはどのようなものか，またそれらは従来どのような人がおこなっていたことか，考えてみよう。

（解答欄）

②なぜ土一揆は畿内周辺から発生したのだろうか。その背景や時期，要求内容などから考えてみよう。

土一揆について，中心となった人々，発生のきっかけ，要求の内容，といった点をまとめてみよう。

（解答欄）

クイズQ　近江今堀の惣掟で，飼ってはいけないとされていた動物は何？　①猫　②犬　③鳥

26　6 現代までつながる文化が生まれた

? 室町時代の文化はどのような特色をもっていただろうか。

1 一揆と寄合の文化

・一揆にみられる対等な人々の結びつきが，文化にも反映

・❶＿＿＿＿…多人数で喫茶する催し。茶の種類をいい当てる賭けごと(闘茶)も流行

・❷＿＿＿＿…五七五の長句と七七の短句を複数の作者が順に詠みあう

→❸＿＿＿＿が❷師の救済と協力して『❹＿＿＿＿』を編集し，❷の規則書『応安新式』をまとめる

❸のヒント　南北朝期の公卿。摂政・関白を務める。

2 五山の禅宗文化と北山文化

①公家・武家・禅宗文化の融合

・❺＿＿＿＿…足利義満が京都北山に造営した北山殿にあり，公家風の寝殿造と禅宗様の仏堂からなる

・❻＿＿＿＿…幕府が臨済宗寺院の寺格を定め，官寺の制度を整える

・漢詩文…禅僧の❼＿＿＿＿や絶海中津が優れた作品を残す

→禅僧はその知識を活かして幕府の政治・外交顧問としても活躍

❻のヒント　南禅寺を別格とし，その下に京都・鎌倉の臨済宗寺院を5つずつ位置づける。

②民衆文化の影響

・❽＿＿＿＿(能楽)…民衆に人気の猿楽に田楽や曲舞の要素を取り入れて成立

→❾＿＿＿＿が父観阿弥とともに幽玄美を表現する❽を大成し，理論書『❿＿＿＿＿』を著す

・⓫＿＿＿＿…庶民の生活を喜劇的な台詞と仕草で演じる

猿楽　滑稽な物まね芸。

曲舞　鼓を伴奏に1人で謡い舞う。

3 東山文化と文化の地方普及

①東山文化

・⓬＿＿＿＿…8代将軍⓭＿＿＿＿が京都東山に造営した山荘に建てた観音殿

→慈照寺東求堂の⓮＿＿＿＿は，のちの和風建築の典型となる書院造の原型

・⓯＿＿＿＿…僧形の将軍側近。唐物の目利き・収集，生け花や作庭などをおこなって将軍の文化的活動を支えた

⓮のヒント　東山山荘の中に造営された持仏堂の一部屋。

②文化の地方普及

・風流踊り…地方の町や村の祭礼で民衆が華美な服をまとっておこなう

・⓰＿＿＿＿…京都にある臨済宗相国寺の僧。山口に拠点を移し，さらに明に渡って⓱＿＿＿＿を学ぶ

・⓲＿＿＿＿…上杉憲実が再興した教育機関。儒学や易学を教える

→室町時代に生まれた文化が，伝統芸能や生活文化として現代にまで影響

⓱のヒント　墨の濃淡と描線の強弱で表現する単色の絵。

資料から考えてみよう

問1　右の図のように人々が集まって芸術的営みを楽しむ，この時代の文化的特徴をなんといいあらわすか，答えよう。　(　　　　)の文化

問2　問1で答えたような形式で楽しむものにはどのような例があるか，具体的にあげてみよう。

問3　右の写真の瑠璃光寺は何県にあるか，答えよう。
(　　　　　　)

問4　問3の地域は，室町時代に日明貿易の富を得て繁栄したが，何氏の城下町だったか，答えよう。
(　　　　　　)

問いにチャレンジ

①室町時代の文化の担い手は，鎌倉時代以前と比べてどのように変化したか。

平安時代や鎌倉時代の文化はどのような階層の人々によって担われていたか考えてみよう。

②その変化はどのような点にあらわれているだろうか。

室町文化のなかで貴族や武士以外の階層の人々の影響がみられる点をあげてみよう。

クイズQ 足利学校のことを「坂東の大学」とよんだのは誰？　①足利義政　②フランシスコ＝ザビエル　③織田信長

27 第2章　チェックポイント

①宇多天皇以来170年ぶりの藤原氏を外戚としない天皇。……………………（　　　）
②延久の荘園整理令発令に際して荘園審査のために設けられた機関。…（　　　）
③1086年に堀河天皇に譲位して初の院政をおこなった上皇。………………（　　　）
④院政初期に院御所警固のためにおかれた武士。………………………………（　　　）
⑤上級貴族に一国の支配権を与え，収益を得させる制度。……………………（　　　）
⑥摂関家や源氏・平氏が後白河天皇方と崇徳上皇方に分かれた兵乱。…（　　　）
⑦藤原信頼による信西排除に端を発し，平清盛が勝利した兵乱。…………（　　　）
⑧平氏が日宋貿易で大量に輸入したもの。………………………………………（　　　）
⑨清盛が貿易のために整備した摂津国の港。……………………………………（　　　）
⑩1180年に即位した，清盛を外戚にもつ天皇。………………………………（　　　）
⑪後白河法皇の皇子で，平氏に反発し源頼政とともに挙兵した人物。…（　　　）
⑫信濃で挙兵し，倶利伽羅峠の戦いで平氏を破って入京した源氏。……（　　　）
⑬源頼朝の弟で，平氏を滅ぼすが，兄と対立して奥州で討たれた人物。（　　　）
⑭1184年に設置された，鎌倉幕府の訴訟・裁判機関。………………………（　　　）
⑮将軍が御家人の先祖伝来の土地の支配権を認めること。……………………（　　　）
⑯北条政子の父で，２代将軍源頼家を退けて実権をにぎった人物。……（　　　）
⑰源頼家の弟で，兄の後を継いで３代将軍となるが暗殺された人物。…（　　　）
⑱北条時政の子で，政所別当と侍所別当を兼ね，執権として政治を主導した人物。
…………………………………………………………………………………………（　　　）
⑲承久の乱を引きおこした上皇。…………………………………………………（　　　）
⑳承久の乱後に朝廷の監視と西国御家人の統括にあたった機関。…………（　　　）
㉑⑱の子で，叔父の北条時房を連署とし，執権政治を安定させた人物。（　　　）
㉒1225年に設置された，重要政務や裁判の合議をする役職。………………（　　　）
㉓1232年に制定された武士のための法。………………………………………（　　　）
㉔荘園領主が地頭に現地支配を委ね，年貢納入を請け負わせること。…（　　　）
㉕荘園の土地を地頭方と荘園領主方に分割して不可侵を約すこと。……（　　　）
㉖月に３回開かれる定期市。………………………………………………………（　　　）
㉗鎌倉時代に現れた高利貸し。……………………………………………………（　　　）
㉘文永・弘安の役に対応した８代執権。…………………………………………（　　　）
㉙幕府が蒙古襲来に備えて北九州防備のために御家人に課した軍役。…（　　　）
㉚有力御家人安達泰盛が御内人筆頭の平頼綱に滅ぼされた事件。…………（　　　）
㉛幕府権力が集中した，北条氏嫡流家の当主のこと。…………………………（　　　）
㉜御家人が売却・質入れした土地の無償取戻しを定めた法令。……………（　　　）

 p.55クイズの答え ②

㉝略奪や年貢の納入拒否などをする反社会的な新興武士勢力。……………（　　　　　　　　　　　）

㉞往生の唯一の手段は念仏だとする専修念仏を説いた浄土宗の開祖。…（　　　　　　　　　　　）

㉟親鸞が主張した，罪深さを自覚している者こそ救われるという説。…（　　　　　　　　　　　）

㊱栄西が宋から伝え，幕府に保護された禅宗の宗派。…………………………（　　　　　　　　　　　）

㊲師の叡尊とともに社会事業をおこなった律宗の僧侶。…………………………（　　　　　　　　　　　）

㊳快慶とともに金剛力士像など写実性に富んだ彫刻を制作した仏師。…（　　　　　　　　　　　）

㊴⑲の命で藤原定家らが編纂した勅撰和歌集。……………………………………（　　　　　　　　　　　）

㊵鎌倉幕府を倒し，建武の新政をおこなった大覚寺統の天皇。……………（　　　　　　　　　　　）

㊶建武の新政でおかれた訴訟を扱う機関。……………………………………………（　　　　　　　　　　　）

㊷足利尊氏が1336年に示した武家政権の方針。……………………………………（　　　　　　　　　　　）

㊸後醍醐が京都を脱出し，南朝の根拠地とした大和国内の場所。…………（　　　　　　　　　　　）

㊹尊氏の弟で，初期室町幕府の二頭政治を支えたが，後に兄と対立した人物。（　　　　　　　　　　　）

㊺守護に荘園・公領の年貢の半分を戦費とすることを認めた法令。……（　　　　　　　　　　　）

㊻もとは地頭や荘官，有力な名主で，一揆を結んで行動することもあった国内の有力武士。
……（　　　　　　　　　　　）

㊼守護大名の勢力を抑え，南北朝合一を実現した室町幕府３代将軍。…（　　　　　　　　　　　）

㊽幕府の管領を務めることができる足利一門の３つの守護家のうち，斯波氏・細川氏ともう一つの家。
……（　　　　　　　　　　　）

㊾関東と奥羽を支配する鎌倉府の長官。…………………………………………………（　　　　　　　　　　　）

㊿国家的行事に際して田畑にかけた臨時税。…………………………………………（　　　　　　　　　　　）

51中国・朝鮮半島沿岸で略奪行為や密貿易をおこなった武装集団。……（　　　　　　　　　　　）

52明が正式な貿易相手国に与えた通交証書。…………………………………………（　　　　　　　　　　　）

531523年，細川氏と大内氏が日明貿易の主導権をめぐり争った事件。…（　　　　　　　　　　　）

54三山を統一して琉球王国を建国した中山王。………………………………………（　　　　　　　　　　　）

551457年に和人に対して蜂起したアイヌの大首長。………………………………（　　　　　　　　　　　）

56京都近郊で活躍した運送業者のうち，馬の背に荷物を載せる業者。…（　　　　　　　　　　　）

57悪銭の受け取りを拒否して良銭を求めること。……………………………………（　　　　　　　　　　　）

58名主や小百姓を中心に形成された自治的な村落。………………………………（　　　　　　　　　　　）

59村全体の責任で領主への年貢納入を請け負うこと。……………………………（　　　　　　　　　　　）

60諸大名を抑圧して専制政治をおこない，謀殺された室町幕府６代将軍。（　　　　　　　　　　　）

61㊾の足利持氏が上杉憲実の制止を振り切っておこした反乱。……………（　　　　　　　　　　　）

621428年，近江の56が蜂起したことから広がった一揆。…………………………（　　　　　　　　　　　）

631441年，代始めの徳政を求めておこった一揆。……………………………………（　　　　　　　　　　　）

64五七五の長句と七七の短句を複数の作者が順に詠みあうもの。…………（　　　　　　　　　　　）

65『菟玖波集』を編集し，『応安新式』を著した南北朝期の摂政・関白。…（　　　　　　　　　　　）

66父の観阿弥とともに能を大成し，理論書『風姿花伝』を著した役者。…（　　　　　　　　　　　）

67京都東山に銀閣などからなる山荘を造営した室町幕府８代将軍。……（　　　　　　　　　　　）

28 第2章　章末問題

1　**院政期～鎌倉時代の人物に関するⅠ～Ⅳの短文を読んで，下の問いに答えよ。**

Ⅰ．170年ぶりに生まれた藤原氏を外戚としない天皇。(　A　)を発令して記録荘園券契所を設置し，①荘園の審査をきびしくおこなった。

Ⅱ．兄である(　B　)上皇と争い，保元の乱に勝利する。当初は清盛を重用したが後に対立し，皇子以仁王が反平氏の兵を挙げて②源平の争乱の口火を切った。

Ⅲ．鎌倉幕府の政所別当と侍所別当を兼ね，執権の地位を確立した。3代将軍源実朝が亡くなった後におこった③承久の乱では(　C　)上皇と争って勝利し，上皇を隠岐に流した。

Ⅳ．執権を補佐する(　D　)を置き，有力御家人を評定衆に任命するなどして合議にもとづく政治をおこなった。また武士の道理や先例をもとに④御成敗式目を制定した。

問1　空欄(　A　)～(　D　)に入る適語を答えよ。知・技

A(　　　　　　　　　　)　B(　　　　　　)　C(　　　　　　)

D(　　　　　　)

問2　下線部①について，それでも荘園がなくならなかったのはなぜか，説明せよ。思・判・表

問3　下線部②について，以下の源平の争乱中の戦いがおこなわれた場所を右の地図から選び，記号で答えよ。知・技

A：倶利伽羅峠の戦い　(　　　)　　B：屋島の戦い　(　　　)

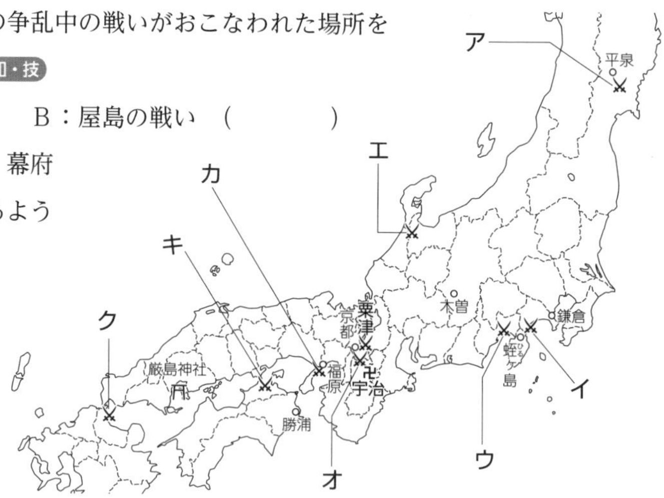

問4　下線部③について，承久の乱後，幕府は朝廷に対してどのような対応をとるようになったか，説明せよ。思・判・表

問5　下線部④について，式目についての説明として誤っているものを一つ選べ。知・技　(　　　)

ア　1232年に制定され，全51カ条だった　　イ　室町時代や戦国時代の法にも影響を与えた

ウ　式目の制定で朝廷の律令は効力を失った　　エ　御家人の義務や裁判の基準について定めた

問6　短文ⅠとⅢの人物の名前を答え，Ⅰの人物の子，Ⅲの人物の兄弟を次のア～カから選べ。知・技

ア　北条時政　イ　鳥羽上皇　ウ　北条時頼　エ　堀河天皇　オ　北条時房　カ　白河上皇

Ⅰの人物(名前　　　　　　　　　)(子　　　　　)

Ⅲの人物(名前　　　　　　　　　)(兄弟　　　　　)

2 **次の文章を読んで，下の問いに答えよ。**

鎌倉時代には宋銭が普及し，貨幣経済が広まった。これにともなって遠隔地決済では(　A　)が用いられたほか，年貢の(　B　)もみられるようになった。室町時代に入ると①日明貿易によって大量の明銭が流入した。さらに②多様な産業や手工業が発展し，交通路には多くの(　C　)が設けられた。また模造銭が多くつくられて③撰銭がおこなわれたため，幕府や大名は対応に苦慮した。

問1　空欄(　A　)～(　C　)に入る適語を答えよ。知・技

A(　　　　　　)　B(　　　　　　)　C(　　　　　　)

問2　下線部①について，日明貿易に関する説明として誤っているものを一つ選べ。知・技(　　　)

ア　日本が明に臣従する朝貢形式でおこなわれた　イ　足利義持が中断したが，足利義教が再開した

ウ　絵画・陶磁器などの唐物も輸入された　エ　寧波の乱以降は細川氏が貿易を独占した

問3　下線部②について，この時期，揚浜式とよばれる方式で生産されたものは何か，答えよ。知・技

(　　　　　)

問4　下線部③について，撰銭とはどのような行為か，説明せよ。思・判・表

3 **次の年表を見て，下の問いに答えよ。**

番号	出来事
①	足利尊氏が(　A　)天皇をたて，建武式目を示す
②	足利尊氏と弟が対立し，(　B　)が発生
③	3代将軍足利義満のとき，南北朝合一
④	朝鮮が対馬を襲撃する(　C　)が発生
⑤	近江の(　D　)の行動をきっかけに，京都周辺の民衆が一揆をおこす
⑥	嘉吉の変に乗じて，民衆が「代始めの徳政」を要求して蜂起し，幕府が徳政令を公布

問1　年表中の(　A　)～(　D　)に入る適語を答えよ。知・技

A(　　　　　　)

B(　　　　　　)

C(　　　　　　)

D(　　　　　　)

問2　以下のⅠ・Ⅱがおこった時期について，年表中①～⑥の連続する番号を用いて答えよ。知・技

Ⅰ：日明貿易の開始　(　　　と　　　の間)　Ⅱ：永享の乱　(　　　と　　　の間)

問3　年表中②について，当初幕府でおこなわれた二頭政治はどのようなものか，説明せよ。思・判・表

問4　年表中⑥について，「代始めの徳政」とあるが，ここで言われている代替わりは，誰が亡くなったことによるものだと考えられるか，答えよ。知・技　(　　　　　)

4 **次の①～⑤の文章の下線部が正しければ○，誤っていれば適語を答えよ。** 知・技

①道元が宋から曹洞宗を伝え，只管打坐を唱えて越前に建長寺を開いた。　①(　　　　)

②重源が歴史書『愚管抄』で道理による歴史の解釈をおこなった。　②(　　　　)

③琵琶法師が無常観を交えて『徒然草』を語り伝えた。　③(　　　　)

④足利義満が山荘を造営した地名から室町前期の文化を北山文化という。　④(　　　　)

⑤関東管領の上杉憲実が下野国の足利学校を再興した。　⑤(　　　　)

知識・技能　……／28　思考・判断・表現　……／4

29 1 各地に戦国大名が現れた

? 群雄が割拠する戦国時代は，どのようにはじまったのだろうか。

1 応仁の乱と京都の荒廃

①混乱する社会情勢

・政治的混乱　例：室町将軍の権威低下，管領家畠山氏の後継者争い

・❶＿＿＿＿の飢饉

②応仁の乱

・1467年から1477年まで続いた，京都を主戦場とした大乱

・有力守護大名の❷＿＿＿＿(宗全)と❸＿＿＿＿の権力争い

　細川方(東軍)…❹＿＿＿＿(足利義政の妻)と足利義尚を擁す

　山名方(西軍)…足利義視(義政の弟)を擁立

・戦闘には❺＿＿＿＿とよばれた雑兵が雇われて参加

　→政治・経済の中心都市であった京都は荒廃

❺のヒント　公家の一条兼良は『樵談治要』のなかで，「超過したる悪党」や「昼強盗」と酷評した。

❻のヒント　下級の者が上級の者に実力で打ち勝って，その地位にとってかわること。

2 乱の地方への拡大

・領国では守護代や国人が勢力を伸ばし，❻＿＿＿＿の風潮がおこる

　→守護の力が弱まる

・山城国南部：1485年，守護勢力の排除を求めて国人が地侍とともに一揆を結ぶ(❼＿＿＿＿)→国一揆は約8年間，自治をおこなう

・加賀国：1488年，一向宗の信者による一向一揆が，守護の富樫政親を攻め滅ぼす(❽＿＿＿＿)

　→一向一揆は約100年にわたって一国を治める

・各地：実力で領国(分国)を作り上げ，独自の支配をおこなう❾＿＿＿＿が現れる

③関東の戦乱

・1454年，鎌倉公方と関東管領の対立から❿＿＿＿＿がおこる

　→鎌倉公方が古河公方(足利成氏)と堀越公方(足利政知)に分裂

3 戦国大名の領国支配

・有力な家臣に地侍などの下級家臣を配属させる⓫＿＿＿＿により家臣団を編成

・⓬＿＿＿＿を実施して年貢高を確定

・知行地の⓭＿＿＿＿に応じて，家臣(給人)に軍役を負担させる

・喧嘩両成敗法などを内容とする⓮＿＿＿＿を制定

・河川の治水や灌漑事業，鉱山の開発

・⓯＿＿＿＿の建設　例：朝倉氏の一乗谷

・六斎市の配置や⓰＿＿＿＿，撰銭令を出す

⓬のヒント　大名が実施した領国内の土地調査。

⓭のヒント　銭貨で表示した年貢高のこと。

⓰のヒント　城下町などで商工業者に自由な営業を認める法令。

資料から考えてみよう

問1　右の図は略奪する足軽を描いたものである。彼らの装備について，馬上の武士と比べてみよう。

問2　上の図に関連して，足軽は何のために柱や床板などの木材を略奪しているのだろうか。その理由として考えられるものをあげてみよう。

史料　分国法（『今川(いまがわ)仮名目録(かなもくろく)』・『今川仮名目録追加』）

一、喧嘩(けんか)に及ぶ輩(ともがら)、理非(りひ)を論(ろん)ぜず両方共に死罪に行うべきなり。…

問3　左の史料は喧嘩両成敗法の規定である。これにはどのような目的があったと考えられるか，考えてみよう。

問いにチャレンジ

①応仁の乱の影響について考えてみよう。

主戦場となった京都だけでなく，地方への影響も考えてみよう。

②戦国大名と守護大名はどのような違いがあるのだろうか。

1　守護大名による領国支配はどのようなものか，考えてみよう。

2　戦国大名による領国支配はどのようなものか，考えてみよう。

クイズQ　飯尾彦六左衛門が「汝やしる　都は野辺の　夕雲雀　あがるを見ても　落つる涙は」と詠んだのはいつ？
①享徳の乱　②応仁の乱　③加賀の一向一揆

30　2 ヨーロッパ文化の到来

? 戦国時代の日本を取り巻く国際環境は，どうなっていたのだろうか。

1 大航海時代

・15世紀後半，ヨーロッパの国々はいわゆる❶＿＿＿＿時代をむかえた
・❷＿＿＿＿：インドのゴアやマラッカを占領し，中国のマカオまで到達
・❸＿＿＿＿：西回りでアジアに至り，フィリピンのマニラを拠点

2 銀・鉄砲・キリスト教

①銀の採掘
・灰吹法の導入により，❹＿＿＿＿の産出量は飛躍的に増加
　→後期倭寇によって，日本産の銀は中国へ運ばれた

灰吹法　博多商人の神谷寿禎により朝鮮から伝えられた精錬技術。

②鉄砲の伝来
・1543年，ポルトガル人を乗せた倭寇の船が❺＿＿＿＿に漂着
　→島の領主❻＿＿＿＿は2挺の鉄砲を買い求めた
　→紀伊の根来や近江の国友，和泉の❼＿＿＿＿などで生産されるように
　→国産化により鉄砲は急速に普及し，戦術や築城法に影響を与えた

❼のヒント　宣教師の報告書の中で「此町はベニス市の如く執政官に依りて治めらる」と紹介された自治都市。

③キリスト教の伝来
・1549年，イエズス会の宣教師❽＿＿＿＿が鹿児島に渡来し，キリスト教を伝える
・山口の❾＿＿＿＿や豊後府内の大友義鎮(宗麟)のように宣教師を保護する大名が現れた
・貿易の利益を求めて，領内の港にポルトガル船を招き入れる大名もいた

3 南蛮貿易

①南蛮人の来航
・❿＿＿＿＿…九州各地に来航したポルトガル人やスペイン人
・⓫＿＿＿＿では，中国産生糸や硝石などが輸入され，日本産銀が輸出された

⓫のヒント　ポルトガルやスペインとの間でおこなわれた貿易。

②宣教師の来日
・⓬＿＿＿＿とよばれた宣教師は，各地に⓭＿＿＿＿(教会)を建て，貧民救済や医療活動にも従事した
　→布教活動の結果，九州ではキリスト教の信者数が急速に増加した

③大名への広まり
・⓮＿＿＿＿…キリスト教信者となった大名
・大友義鎮・大村純忠・有馬晴信の3大名は，伊東マンショら少年4人をローマ教皇のもとに派遣(⓯＿＿＿＿)

資料から考えてみよう

問1　右の図は16世紀における銀の流れを示している。南アメリカおよび日本で産出した銀は，最終的にどこに集まったと考えられるか，答えよう。

（　　　　　　　　）

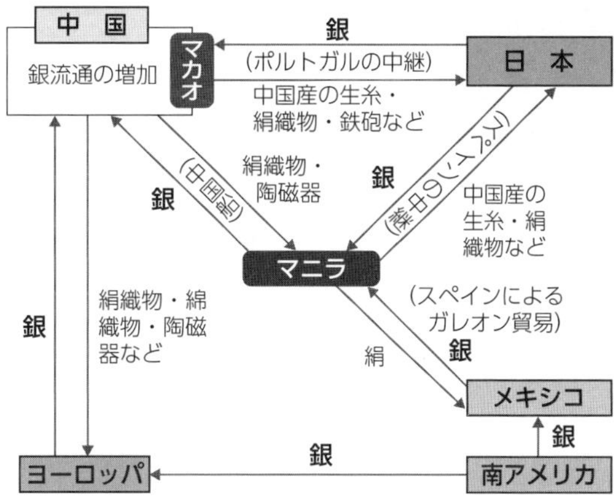

われわれの間では四歳の子供でも自分の手を使って食べることを知らない。日本の子供は三歳で箸をつかって自分で食べる。われわれの間では普通鞭（むち）で打って息子を懲罰（ちょうばつ）する。日本ではそういうことは滅多（めった）におこなわれない。ただ言葉によって譴責（けんせき）するだけである。……われわれは横に左から右に書く。彼らは縦に，いつも右から左に書く。われわれの書物の最後のページが終わるところから，彼らの本は始まる。

（『ヨーロッパ文化と日本文化』）

問2　左の史料は16世紀後半に来日したキリスト教宣教師が，ヨーロッパと日本との文化の違いを述べたものである。大人と子どもの関係について，両文化の違いをあげてみよう。

問いにチャレンジ

①鉄砲がなぜ中国の船に乗ったポルトガル人によって日本にもたらされたのか説明してみよう。

16世紀半ばの東シナ海では，どのような人々が交易を担っていたか考えてみよう。

②キリスト教宣教師の布教が日本で成功した理由について考えてみよう。

西日本，特に九州でキリスト教が大名に受け入れられた背景を考えてみよう。

クイズQ　島根県にある石見銀山は，2007年，何に登録された？　①国宝　②世界遺産　③世界の記憶

31　3 全国統一がなされた

？ 織田信長と豊臣秀吉はなぜ全国統一をすすめることができたのだろうか。

1 織田信長の統一戦争

①統一戦争の過程

・1560年　駿河の今川義元を敗死させる(❶＿＿＿＿の戦い)
・1568年　❷＿＿＿＿を擁して京都に入る
　　この間，朝倉義景・石山❸＿＿＿＿・武田信玄などと交戦
・1573年　❷＿＿＿＿を京都から追放→室町幕府の滅亡
・1575年　鉄砲を有効に用いて武田勝頼を破る(❹＿＿＿＿)
・1576年　琵琶湖岸に天主(天守)をもつ❺＿＿＿＿を築城
・1582年　明智光秀の謀叛により，本能寺で自害(❻＿＿＿＿)

②織田信長の政策

・「❼＿＿＿＿」の文字を刻んだ印判を使用
・商工業者に自由な営業を認める❽＿＿＿＿を出す
・商品流通の円滑化に努める　例：❾＿＿＿＿の廃止・撰銭令

❼のヒント　「天下に武を布く」の意味。

2 豊臣秀吉の全国統一

・1582年　明智光秀を討つ(山崎の合戦)
・1583年　柴田勝家を討つ(賤ヶ岳の戦い)→信長の後継者となる
　　石山❸＿＿＿＿跡に❿＿＿＿＿を築城開始
・1584年　⓫＿＿＿＿と戦い講和(小牧・長久手の戦い)
・1585年　⓬＿＿＿＿に任じられる
・1586年　⓭＿＿＿＿も兼ね，後陽成天皇から豊臣の姓を賜る
　→軍事力に加え，朝廷の権威を利用して諸大名を服属させようとする
・全国統一の過程
　→島津氏を降伏させて⓮＿＿＿＿を平定(1587年)
　→東国でも，惣無事を命じて豊臣政権の裁定による紛争解決を求める
　　…従わなかった小田原の⓯＿＿＿＿を滅ぼす(1590年)
　→東北地方の伊達氏・最上氏を服属させて全国を統一(1590年)

惣無事　講和や和平を意味する。

3 豊臣政権の特質

①経済的基盤

・直轄領や京都・大坂・堺などの重要都市を支配
・⓰＿＿＿＿や石見銀山などからの収入で⓱＿＿＿＿を鋳造

②中央政府の組織

・五奉行…実務を分担，⓲＿＿＿＿・浅野長政など
・五大老…重要政務を合議，⓫・前田利家・毛利輝元など→秀吉死後機能せず

⓰のヒント　新潟県佐渡島の鉱山。江戸幕府，明治政府に引き継がれ，のち三菱に払い下げられた。

⓱のヒント　秀吉が鋳造させた大型の判金。長径は約14.6cm。

資料から考えてみよう

問1　右の史料は安土城の城下町に出された楽市令である。楽市令を出すことは，織田信長にとってどのような利点があったと考えられるか，具体的に考えてみよう。

史料　■楽市令（近江八幡市市役所所蔵文書）

定　安土山下(さんげ)町中(ちょう)①

一、当所(とうしょ)中楽市(らくいち)として仰(おお)せ付けらるるの上は、諸座・諸役・諸公事(くじ)②等、悉(ことごと)く免許③の事。

一、普請(ふしん)④免除の事。……

注①安土山下町―安土城の城下町　②諸役・諸公事―諸役は棟別銭・兵粮米などの課役。諸公事はいろいろな名目の雑税　③免許―座の特権の否定と、座役・雑税の免除　④普請―建築・土木工事のために徴発されること

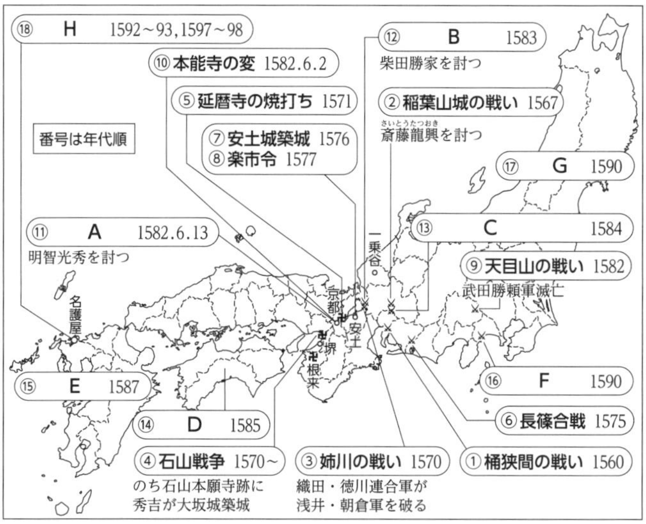

問2　左の地図は織田信長・豊臣秀吉の全国統一の経過を示している。地図中のA～Hで示した豊臣秀吉の事績を，答えよう。

（A　　　　　　　　　　　　　　）
（B　　　　　　　　　　　　　　）
（C　　　　　　　　　　　　　　）
（D　　　　　　　　　　　　　　）
（E　　　　　　　　　　　　　　）
（F　　　　　　　　　　　　　　）
（G　　　　　　　　　　　　　　）
（H　　　　　　　　　　　　　　）

問いにチャレンジ

①織田信長と豊臣秀吉の政策を比較してみよう。どのような共通点・相違点があるだろうか。

1　両者の政策の共通点を考えてみよう。

2　両者の政策の相違点を考えてみよう。

クイズQ　「鳴かぬなら 殺してしまえ ホトトギス」という川柳は，誰の個性を象徴している？
①織田信長　②豊臣秀吉　③徳川家康

32　4 秀吉が近世の扉をひらいた

？豊臣秀吉がめざしたものは何だったのだろうか。

太閤　関白を辞職した人に対する敬称。秀吉は，養子の秀次に関白を譲った後，太閤と称した。

1 太閤検地

①検地の実施

・❶＿＿＿＿＿＿…豊臣政権が全国規模で実施した検地

・田畑の面積を測る基準を定め，検地役人を現地に派遣し測量をおこなう

・❷＿＿＿＿＿＿を公定枡とする

・❸＿＿＿＿＿＿＝石盛(１反あたりの標準収穫高)×面積

→❸＿＿＿＿＿＿制によって，年貢賦課の全国的な基準が完成

②土地台帳の作成

・❶＿＿＿＿＿＿の結果は，一村ごとに❹＿＿＿＿＿＿という土地台帳にまとめる

・1591年，秀吉は全国の大名に❺＿＿＿＿＿＿(各領国の❹)と❻＿＿＿＿＿＿(国郡ごとの絵図)の提出を命じる

→豊臣政権は全国の大名に❸＿＿＿＿＿＿に応じた軍役を求める

2 刀狩

・❼＿＿＿＿＿＿…1588年，諸大名に百姓の武器を没収することを命じる

→身分としての武士と百姓とを分ける❽＿＿＿＿＿＿がすすむ

3 朝鮮侵略

①秀吉のキリスト教政策

・1587年　❾＿＿＿＿＿＿

…キリスト教宣教師の国外追放を命じる

・ポルトガルやスペインの商船の来航と貿易は保証する

→キリスト教の取りしまりは不徹底

②秀吉の東アジア政策

・東アジアに，日本中心の新たな国際秩序をつくることを志向

・肥前の名護屋に大名を集め，❿＿＿＿＿＿＿の征服をくわだてる

・朝鮮に日本への服属と❿＿＿＿＿＿＿侵略の先導役をつとめるよう要求

↓　朝鮮は拒否

・1592年，大軍を朝鮮に派兵→首都の⓫＿＿＿＿＿＿を占領するも，⓬＿＿＿＿＿＿の朝鮮水軍や義兵の抵抗にあい苦戦(⓭＿＿＿＿＿＿)

・1597年，朝鮮南部を奪い取るため，再び大軍を朝鮮に派兵

→秀吉の死により撤退(⓮＿＿＿＿＿＿)

※秀吉による２度の朝鮮侵略を，朝鮮では壬辰・丁酉倭乱とよぶ

⓬のヒント　朝鮮の水軍を率いた人物。亀甲船を用いて，日本軍の補給路を断った。

資料から考えてみよう

問1　右の史料は，豊臣秀吉が奥州の検地について家臣に命じたものである。この史料から秀吉の検地に対する姿勢を読み取ってみよう。

史料　豊臣秀吉の手紙（一五九〇年）

一、仰せ出され候趣、国人幷百姓共ニ合点行き候様ニ能々申聞かすべく候。自然相届かざる覚悟の輩これあるに於ては、……なできりニ申し付くべく候。
……

問2　左の写真は豊臣秀吉が定めた基準枡である。枡の容量が統一されていない場合，どのような不都合が生じると考えられるか，具体的に考えてみよう。

問いにチャレンジ

①太閤検地がそれ以前の検地と比べて画期的な点を考えてみよう。

太閤検地のしくみを確認しよう。

②豊臣政権の成果と課題はどのようなものだったか，考えてみよう。

1　豊臣政権の成果について，代表的な政策に着目して考えてみよう。

2　豊臣政権の課題について，代表的な政策に着目して考えてみよう。

クイズQ 次のうち，豊臣秀吉が名乗ったことのない姓はどれ？　①藤原　②平　③源

33　1 強力な江戸幕府が成立した

? 江戸幕府の支配の方法は，それ以前の幕府と比べてどのような違いがあるだろうか。

1 江戸幕府の成立

・1600年に❶＿＿＿＿で❷＿＿＿＿が勝利。1603年に征夷大将軍となって❸＿＿＿＿を開く

・1605年に将軍職を子の❹＿＿＿＿に譲り，政権を徳川氏が世襲していくことを全国に示す。自身は大御所として幕政を主導

・❺＿＿＿＿は1614年の❻＿＿＿＿，翌年の❼＿＿＿＿により滅ぼされる

2 幕府のしくみ

①大名による地方支配

・幕府は大名に対して，土地と領民の支配権(知行)を与える

・大名による地方政権を❽＿＿＿＿という

②幕府の職制

・最終的な意思決定権は将軍にあるが，実務を担ったのは❾＿＿＿＿

・大老…臨時の最高職

・❿＿＿＿＿…❾＿＿＿＿を補佐する

・幕府の重要職は，⓫＿＿＿＿・⓬＿＿＿＿・⓭＿＿＿＿が務める

3 幕府と大名

①幕府による大名統制

・1615年に⓮＿＿＿＿と武家諸法度(⓯＿＿＿＿)制定

・幕府は石高に応じて，大名に軍役を課す

・幕府は大名に対して，改易・減封・転封を命じる権限をもつ

・３代将軍⓰＿＿＿＿，武家諸法度を改定(⓱＿＿＿＿)

・大名の妻子は江戸常住，大名には⓲＿＿＿＿が義務づけられた

②❽のしくみ

・地方政権である❽＿＿＿＿は，それぞれ独自の組織で領地を統治

・江戸や大坂などに藩邸(大名屋敷)や蔵屋敷をもつ

※幕府と❽が土地と人民を統治するしくみを⓳＿＿＿＿という

4 幕府と朝廷

・1615年に⓴＿＿＿＿を制定し，幕府は朝廷を統制

・1620年に２代将軍❹＿＿＿＿の娘の和子(東福門院)が㉑＿＿＿＿に入内→将軍家と天皇家は緊密な関係となる

❺のヒント　豊臣秀吉の子。

大名　知行高１万石以上の領主。

⓫のヒント　大名のうち関ヶ原の戦い以前からの徳川家家臣。

⓬のヒント　知行高１万石未満の幕府直臣のうち将軍に謁見できる者。

⓭のヒント　知行高１万石未満の幕府直臣のうち将軍に謁見できない者。

⓲のヒント　大名が江戸と国元を１年交代で往復すること。

p.67クイズの答え　③

資料から考えてみよう

問1　右の図は，江戸幕府の機構を示したものである。図中のA～Hに入る適語を答えよう。

(A　　　　　　　　　　)(B　　　　　　　　　　)

(C　　　　　　　　　　)(D　　　　　　　　　　)

(E　　　　　　　　　　)(F　　　　　　　　　　)

(G　　　　　　　　　　)(H　　　　　　　　　　)

■江戸幕府の機構

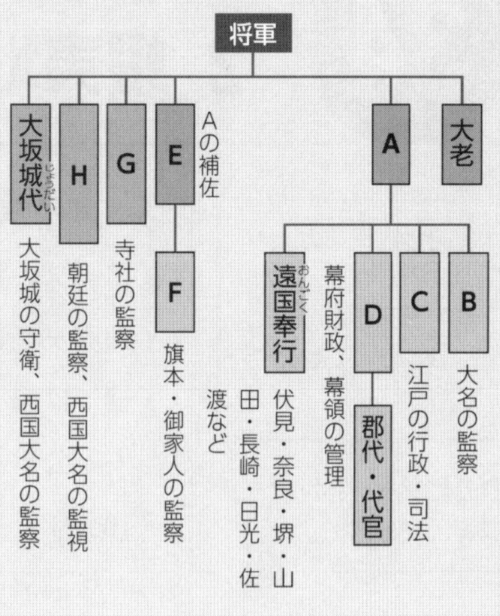

■徳川氏系図

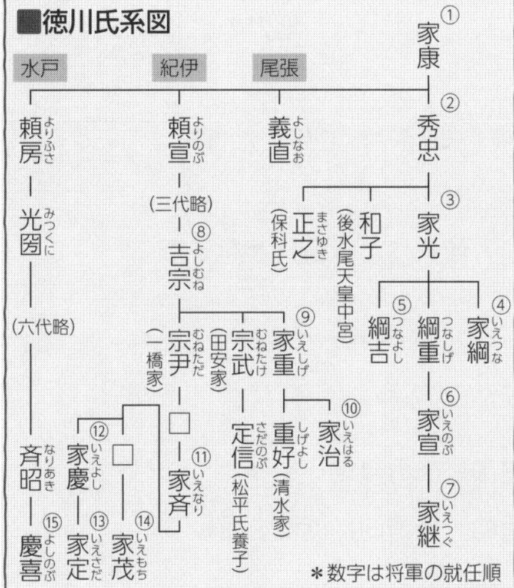

問2　左の図は，徳川氏の系図である。三家のうち，江戸時代に将軍が一人も出なかった家を答えよう。

(　　　　　　　徳川家)

問3　左の図のように，徳川氏から①～⑮までの15人の将軍が出たが，それをもとに江戸幕府が何年間続いたか考えてみよう。予想した期間と，調べてみた実際の期間を書いてみよう。

(予想：　　　　　　年間)

(実際：　　　　　　年間)

問いにチャレンジ

①江戸幕府と大名はどのような関係にあったのか。

江戸幕府は大名に対して，どのような政策をおこなったか考えてみよう。

②江戸幕府と朝廷はどのような関係にあったのか。

江戸幕府は朝廷に対して，どのような政策をおこなったか考えてみよう。

クイズQ　東京大学本郷キャンパスにある，「赤門」は，元々どこの藩邸(大名屋敷)の門だった？
①加賀藩　②薩摩藩　③長州藩

34　2 蝦夷地と琉球には独自の文化があった

? 蝦夷地と琉球の人々のくらしは，日本や東アジアとどのようにつながっていただろうか。

❷のヒント　16世紀末，蠣崎氏から改称。

三線　琉球王国では宮廷楽器として使用された弦楽器。形は三味線に似て，三本の弦をもち，胴には蛇皮をはる。

1 アイヌと松前藩

①アイヌの蜂起

・蝦夷ヶ島(❶ ＿＿＿＿)でアイヌは海産物などを得て生活していた

・❶では❷ ＿＿＿＿氏がアイヌとの交易の主導権をにぎった

→不公平な交易によりアイヌの不満が高まった

・1669年，アイヌが武力蜂起(❸ ＿＿＿＿の戦い)

→松前藩に鎮圧される

・1789年，❹ ＿＿＿＿地方のアイヌが蜂起

②松前藩の主従関係

・松前藩は家臣に，アイヌとの交易権を知行として与えた(❺ ＿＿＿＿)

→その後，商場での交易の多くは和人商人による請負となった

(❻ ＿＿＿＿)

2 琉球王国と薩摩藩

①薩摩藩による支配

・1609年，❼ ＿＿＿＿氏は琉球王国に武力侵攻

→以後，琉球王国は薩摩藩から政治的・経済的に支配を受ける

②使節の派遣

・琉球王府は江戸に❽ ＿＿＿＿を派遣

・❾ ＿＿＿＿…国王尚氏の代替わりの際にそれを将軍に感謝する

・❿ ＿＿＿＿…将軍の代替わりの際にそれを祝う

・琉球王府は中国との⓫ ＿＿＿＿関係も継続

・進貢船の派遣

・中国から⓫ ＿＿＿＿使をむかえる

3 日本列島を結ぶ昆布ロード

・❶ ＿＿＿＿でとれた昆布は大坂や九州を経由して⓬ ＿＿＿＿まで運ばれた(「昆布ロード」)

・昆布は⓬ ＿＿＿＿や長崎を経由して中国へと輸出された

4 境界地域にくらす人々の文化

・近世において❶ ＿＿＿＿と⓬ ＿＿＿＿は日本にとって境界地域であった

・アイヌの文化…熊送りの儀礼である⓭ ＿＿＿＿や口伝えの叙事詩である⓮ ＿＿＿＿

・⓬ ＿＿＿＿の文化…⓬舞踊や三線・琉歌，⓯ ＿＿＿＿とよばれる染物

p.69クイズの答え　①

資料から考えてみよう

問1　右の図はアイヌの指導者を描いたものである。図中の人物が身につけている錦織は，当時の日本で何とよばれていたか。漢字３字で答えよう。

（　　　　　　　）

問2　問１の錦織は中国の皇帝や貴族が宮廷で着た服である。清の官服をアイヌが入手した経緯について，右の関係図を参考に説明してみよう。

■東アジア関係図

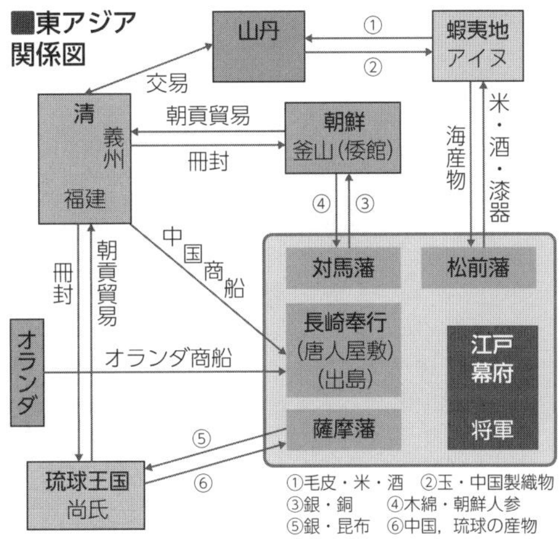

問いにチャレンジ

①蝦夷地のアイヌと松前藩はどのような関係にあったか。

交易のあり方に着目して，両者の関係を考えてみよう。

②琉球王国と薩摩藩はどのような関係にあったか。

島津氏による武力侵攻後の琉球王国と中国との関係にも着目して考えてみよう。

クイズQ　2019年10月31日，正殿などが焼失し，現在，再建に向けて取り組みがおこなわれている場所は？
①熊本城　②江戸城　③首里城

35　3 幕府は海外渡航を禁止した

? 江戸幕府の外交は，どのような経緯で鎖国の状態に近づいていったのだろうか。

1 アジアとの関係

①朝鮮との関係

・1609年，対馬の宗氏と朝鮮との間で❶＿＿＿＿が結ばれる

→❷＿＿＿＿の朝鮮侵略以来とだえていた日朝外交が復活

・将軍就任を祝う使節として，朝鮮から❸＿＿＿＿が派遣

②活発な民間貿易

・幕府は東南アジアへ向かう商船に渡航許可状(朱印状)を与え，貿易(❹＿＿＿＿)を奨励

・東アジア各地に❺＿＿＿＿が形成される

③強まる貿易統制

・❻＿＿＿＿禁制の強化により，貿易統制が強まる

・1633年，貿易船に対し朱印状に加えて❼＿＿＿＿の携行を義務化

・1635年，日本人の海外渡航および在外日本人の帰国を禁止

2 ヨーロッパとの関係

①オランダ・イギリスとの交流

・1600年，❽＿＿＿＿は漂着したオランダ船の乗組員を外交顧問に招く

・オランダ・イギリスは❾＿＿＿＿に商館を開き，貿易を開始

・1623年にイギリスは商館を閉鎖し，日本との貿易から撤退

②ポルトガル・スペインとの交流

・1610年，❽＿＿＿＿は京都商人をスペイン領メキシコへ派遣

・1613年，伊達政宗は家臣をスペインへ派遣(❿＿＿＿＿)

・幕府はスペイン船(1625年)，ポルトガル船(1639年)の来航を禁止

3 国際都市長崎の成立

①オランダ商人への対応

・1641年，オランダ東インド会社の商館は長崎の⓫＿＿＿＿へ移転

・オランダ商人には江戸参府と⓬＿＿＿＿の提出が求められた

②中国商人への対応

・1689年，⓭＿＿＿＿が設置され，長崎奉行が管理

4 鎖国と四つの口

・幕府が対外関係を一元的に管理する体制を後に⓮＿＿＿＿とよんだ

・松前，対馬，長崎，薩摩は江戸時代における異国への窓口

⓫のヒント　もともとはポルトガル商人を居住させるために建設された人工島。

⓬のヒント　オランダ船来航のたびにオランダ商人は幕府に提出することが求められた。幕府にとっては海外事情を知るための重要な情報源となった。

資料から考えてみよう

問1 右の史料について，海外渡航を計画している商人の立場から，寛永十年令と寛永十二年令の違いを説明してみよう。

史料 ■「鎖国令」（寛永十二年令）〈現代語訳〉

一 異国へ日本の船が渡航するのは禁止する。
一 日本人が異国へ渡航するのは禁止する。
一 異国へ渡航の上，そこに居住した日本人が帰国したならば，死罪とする。

史料 ■「鎖国令」（寛永十年令）〈現代語訳〉

一 異国へ渡航するのは，奉書船以外，禁止する。
一 奉書船の他，日本人が異国へ渡航するのは禁止する。

■東アジア関係図

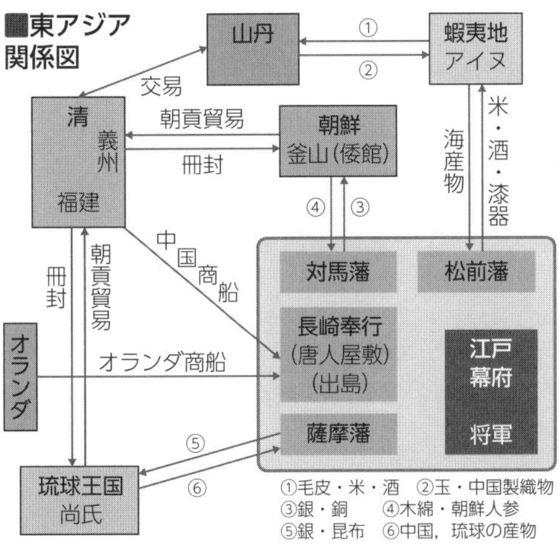

問2 左の図は鎖国下の東アジアの関係図である。江戸幕府の貿易について，図をもとに説明してみよう。

問いにチャレンジ

①ヨーロッパ諸国では，オランダとのみ日本が交渉することになったのはなぜだろうか。

ポルトガル・スペインと，オランダとの宗教面での違いに着目してみよう。

②江戸時代は，日本と東アジア・東南アジアの関係はどのようなものであっただろうか。

1 日本と東アジアの関係について考えてみよう。

2 日本と東南アジアの関係について考えてみよう。

クイズ Q 1632年正月，森本右近太夫一房が参詣し，父と母のために4体の仏像を奉納した旨の墨書を残した，東南アジアにある世界遺産はどこ？
①ボロブドゥール ②ホイアン ③アンコール・ワット

36　4 統制されながらも人々は宗教を必要とした

? 幕藩領主や民衆は宗教とどのように向きあったのだろうか。

❷のヒント　織田信長・豊臣秀吉に仕えたキリシタン大名。江戸幕府の命令でマニラに追放され，同地で没した。

❼のヒント　原則として毎年，❼帳が作成された。

⓯のヒント　公家の土御門家が統治した。

⓰のヒント　聖護院門跡と醍醐寺三宝院門跡が統治した。

1 キリシタンと島原・天草一揆

①禁教のはじまり

・幕府は❶＿＿＿＿と日本の宗教とは共存できないとみなす

・1614年，幕府は宣教師や❷＿＿＿＿などを国外に追放

→以後，❶＿＿＿＿はきびしい弾圧にあう

・禁教下，隠れて信仰を続ける者もいた

②島原・天草一揆とその影響

・1637年，島原と天草の百姓たちが武力蜂起(❸＿＿＿＿)

・一揆勢は益田時貞(❹＿＿＿＿)を総大将とし，❺＿＿＿＿跡に立てこもる

・1639年，幕府は❻＿＿＿＿船の来航を禁止

2 江戸幕府と宗教

①民衆の統制

・幕藩領主は領民に❼＿＿＿＿や❽＿＿＿＿(絵踏)を実施

・寺院に領民が檀家であることを明示させる❼＿＿＿＿制度が成立

・領民が禁制宗教の信徒でないことを寺院が証明する❾＿＿＿＿制度が設けられる→身元を保証する戸籍の役割をはたす

②寺院の統制

・宗派ごとに本山・末寺の関係を整備(❿＿＿＿＿)

・1665年，宗派をこえて僧侶の心得などを説く⓫＿＿＿＿を発令　※一方で徳川家康の神格化もすすめられる

3 江戸時代の多様な宗教活動

①仏教

・17世紀なかば，明僧の隠元隆琦が⓬＿＿＿＿を伝える

・人々は葬式や法事を通じて檀那寺と結びつきを強める

・幕府により⓭＿＿＿＿派は禁止される

②仏教以外の宗教活動

・⓮＿＿＿＿をともなう生活に根づいた神社信仰

・祈禱・占いをおこなう⓯＿＿＿＿・⓰＿＿＿＿

→これらの宗教活動にも幕府は統制を加えた

③年中行事や民俗行事

・五節句，庚申講や日待・月待などがおこなわれる

・⓱＿＿＿＿もしばしばおこる

p.73クイズの答え　③

資料から考えてみよう

問1　右の史料では，島原・天草一揆の発生理由をどのように述べているか，説明してみよう。

史料 ■『島原記』（仮名草子）

今度嶋原あま草両所の一揆ハ、都て所守の政法軽弱たるゆへなれば、（島原・天草の領主）何れも死刑に行れ……

〈現代語訳〉今度、島原・天草で一揆が起こったのは、すべて領主の政治がよくなかったからである。そこで、領主は死刑となった。

問2　下の図は踏絵のようすである。長崎では踏絵がある時期の年中行事となっていたが，一年のうちのどの時期か，考えてみよう。

問いにチャレンジ

①島原・天草一揆がもたらした影響を考えてみよう。

島原・天草一揆後の幕府の政策にも注目して考えてみよう。

②江戸幕府はなぜ徳川家康を神格化したのだろうか，考えてみよう。

徳川家康を神格化することによって，初期の江戸幕府にどんな利点があったか考えてみよう。

クイズQ　江戸時代初期の過酷なキリシタン弾圧の時代を舞台にした小説『沈黙』の作者は？
①遠藤周作　②司馬遼太郎　③松本清張

37 1 武士の役割が変わった 2 世の中の役割分担がすすんだ

？ 17世紀中期以降，政治はどのように変化しただろうか。

❷のヒント 藩主に実子がいない場合，後継者を決めないまま藩主が危篤になり，あわてて跡継ぎを幕府に申し出ることがあった。

金の含有量 含有量を減らしたことで生じた差益のことを出目という。これを幕府の財政にあてた。

？ 江戸時代の身分には，どのようなものがあったのだろうか。

⓭のヒント 子どものときは父に従い，結婚してからは夫に従い，老いてからは子に従うこと。

1 武断政治から文治政治へ・戦争のない時代の武士像・明暦の大火と財政窮乏

・17世紀前半，改易による牢人の発生と旗本・御家人による幕政批判

・1651年，3代将軍徳川家光が死去し，徳川家綱が4代将軍になる直前，兵学者の由井正雪らが幕府転覆を計画(❶＿＿＿＿)

→幕府，かぶき者の取りしまり，❷＿＿＿＿の禁の緩和，家臣の殉死の禁止。武断政治を改め，家綱の頃から❸＿＿＿＿政治へ転換

・諸藩で家臣に知行を与える方法が変化(地方知行制から❹＿＿＿＿制へ)

→領主は，仁政を施す仁君(明君)であることが求められる

・1657年，❺＿＿＿＿により江戸の都市構造が一変

→江戸の復興などで幕府の財政は窮乏化。金銀の産出量の減少もみられ，17世紀末，幕府は金の含有量を減らした❻＿＿＿＿を発行

2 綱吉の政治と正徳の政治

①5代将軍徳川綱吉の政治

・❼＿＿＿＿を整備し，儒学を重んじる政治を展開

・❽＿＿＿＿…すべての動物の保護と殺生の禁止

・喪に服す日数が定められ，死と穢れが結びつく風潮が強まる

②6代将軍徳川家宣・7代将軍徳川家継の政治

・儒学者の❾＿＿＿＿を登用(正徳の政治)

→朝鮮通信使の接待の簡素化，将軍の対外的呼称を改名，閑院宮家の創設

→長崎貿易では，❿＿＿＿＿(正徳新令)を出して貿易額を制限し，金銀の流出を防ごうとする

3 武士と百姓・さまざまな身分集団と役割

・武士…⓫＿＿＿＿や無礼討ち(切捨御免)の特権をもつ

・百姓…全人口の約80%。多様な生業(農業や漁業，林業，工業など)に従事

・江戸時代の人民一般は⓬＿＿＿＿とよばれ，役割分担の意識

→⓬の上位には上級武士・大名・将軍や公家・天皇が，下位には長吏・かわた(えたとよばれた)や非人などの被差別民がいた

・被差別民…居住地の限定，皮製品の製作や農業に従事。蓄財する者もいた

・非人は村・町の番人，掃除や芸能などに携わった

・儒者・宗教者・芸能者・医者・日用など，さまざまな身分集団が存在

→身分ごとに規則が適用された一方，人々はそれぞれの役割と特権をもつ

・男性当主は家族の財産を管理し，妻子・家人に対して強い権限をもつ一方，女性には美徳として，⓭＿＿＿＿の教えが説かれる

p.75クイズの答え ①

資料から考えてみよう

問1　右の棒グラフは，江戸時代における小判１両中の金成分比の推移である。元禄小判が発行された後の正徳小判を見ると，金の含有量が元に戻されていることがわかる。①なぜ戻されたのか(元禄小判発行後の問題点)と，②その結果(正徳小判発行後の問題点)を，簡潔に説明しよう。

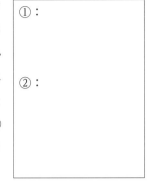

①：

②：

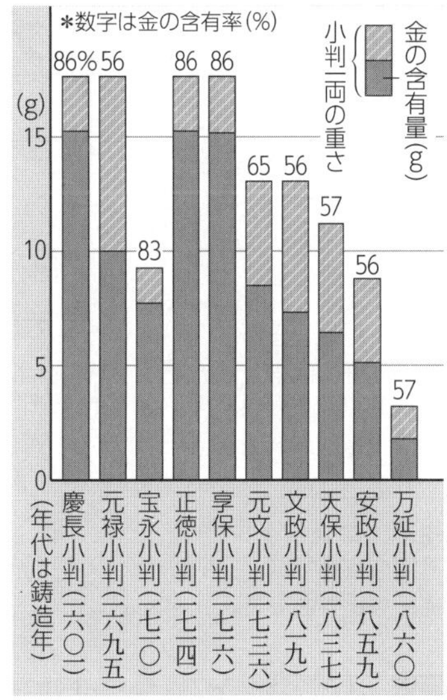

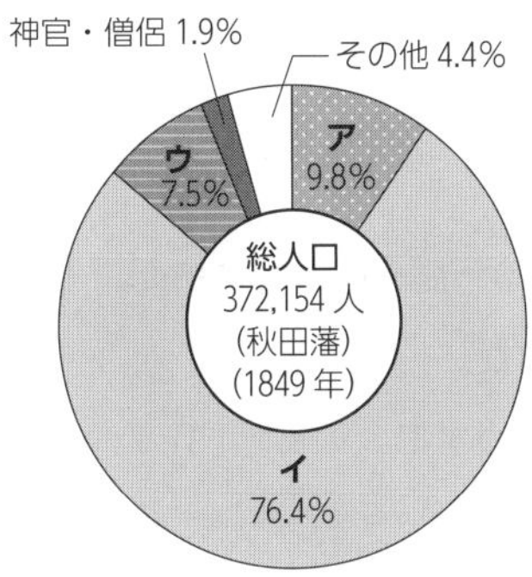

問2　左の円グラフは，秋田藩の身分別人口構成である。アからウに当てはまる語をそれぞれ答えよう。

ア(　　　　　)　イ(　　　　　)　ウ(　　　　　)

問いにチャレンジ

①なぜ，武断政治から文治政治へ転換したのだろうか。

武断政治と文治政治という語を説明し，それぞれがおこなわれた時期についても，確認してみよう。

武断政治： 文治政治：
武断政治の時期： 文治政治の時期：

②江戸時代，武士や領主に期待されたのは何であったか。

岡山藩主池田光政は，家臣教諭(教科書 p.130)で，何が重要であると述べているか，読み取ってみよう。

③士農工商の語と江戸時代の身分の実態とは，どのように違うだろうか。

鈴木正三は，「万民徳用」(教科書 p.132)で，どのようなことを主張しているか，説明してみよう。

士農工商以外の人々を，教科書のなかから探して抜き出してみよう。

クイズQ　５代将軍綱吉の時，生類憐みの令のもとで，ある動物が島流しにされたが，その動物はどれか？
①サル　②カラス　③キツネ

38　3 産業の発達が人々の郷土意識をうながした
4 巨大都市が現れた

? 産業の発達は人々の生活に何をもたらしただろうか。

庄屋・肝煎　庄屋は関西地方，肝煎は東北地方を中心とした呼称である。❶は関東中心である。

年貢・諸役　本年貢(本途物成)・小物成・高掛物・夫役などがあった。

農書　江戸時代の人々の「読み書き」のスキルが高かったため，農書が村に普及したと考えられている。

? 江戸時代の都市はどのような特徴をもっているのだろうか。

江戸・大坂・京都　江戸は「呑だおれ」のまち，大坂は「食だおれ」のまち，京都は「着だおれ」のまちとしての都市的性格を有していた。

1 百姓の生活

・村方三役(❶＿＿＿＿(庄屋・肝煎)・組頭・百姓代)が中心

・村の運営には❷＿＿＿＿(高持百姓)がたずさわり，小作人の水呑(無高百姓)や名子・被官などの従属百姓は村政から外された

・村では❸＿＿＿＿(村掟)がつくられた

・年貢・諸役は村全体で請け負った(＝❹＿＿＿＿)

・年貢を確実に徴収するため，幕府は❺＿＿＿＿や分地制限令などで百姓が土地を手放したり細分化したりすることを禁じた

2 農業生産力の向上と農書の普及

・備中鍬・千歯扱などの改良された農具や，従来の下肥・草木灰に加え，干鰯・油粕などの購入肥料(❻＿＿＿＿)が普及した

・新田開発により，生産力が向上し，18世紀はじめまで人口も増加した

・17世紀末，体系的農書として宮崎安貞が『❼＿＿＿＿』を，19世紀には大蔵永常が『広益国産考』を著した

3 諸産業の発達・商品作物の発達と郷土意識

・漁業では，中国向けのいりこ・干し鮑・ふかひれなど(❽＿＿＿＿)が需要をのばした

・製塩法が改良されたほか，金や銀も増産された

・販売を目的とする商品作物の生産も向上。茶・桑・楮・漆と麻・紅花・藍の❾＿＿＿＿などが商品となり，郷土意識も育った

4 都市の発達

・街道整備にともなって成立した❿＿＿＿＿，寺社を中心に発達した門前町・寺内町，大名の居城のもとに形成された⓫＿＿＿＿が形成された

・江戸・大坂・京都は，巨大都市として政治・経済の中心地となり，総称して⓬＿＿＿＿とよばれた

5 町人のくらし

・町は村と同様にその構成員である⓭＿＿＿＿によって運営された。名主(年寄)・月行事などが中心となり⓮＿＿＿＿(町掟)をつくった

・町人の負担は村の百姓に比べて少なかったが，都市の機能を維持する町人足役を夫役でつとめるなどした

・町には⓭のほか，借りた土地に家屋を建ててくらす⓯＿＿＿＿，長屋の一部を借りてくらす⓰＿＿＿＿・借家，さらには奉公人がいたが，町政への参加権はなかった

資料 から考えてみよう

問1　右の絵(AとB)の農具の名称は何か。また，これらはどのように使われた農具か，簡潔に説明してみよう。

A(　　　　　　　　　)

用途

B(　　　　　　　　　)

用途

問いにチャレンジ

①百姓にとって，村とはどのような組織であったか。

村で従うべき秩序などの厳しい面と，相互扶助の面の両方から考えてみよう。

②農書は百姓にどのような影響を与えたか。

農業技術のほかに，農書にどのような内容が書かれていたのかを考えてみよう。

③町人はどのような日常生活を送っていただろうか。

1　町の運営についてまとめてみよう。

2　長屋でのくらしについて確認してみよう。

クイズQ 江戸の武家地・町人地・寺社地のうち，大目付・目付が管轄したのはどれ？　①武家地　②町人地　③寺社地

39　5 商品経済社会がやってきた

? 交通の発達と商品経済の広がりにはどのようなつながりがあるだろうか。

❸のヒント　参勤交代によって恒常化した。

❹・❺のヒント　❹は1671年に，❺はその翌年に整備された。

❻・❼のヒント　これらの定期的な運航により，大量に江戸へ下り荷が運ばれた。その結果，江戸を中心とする地廻り経済圏の発展によって，江戸の文化が各地に普及されるようになり，化政期の文化が花開いたとする一考がある。

1 陸上交通の整備

・幕府は江戸の日本橋を起点に❶＿＿＿＿(東海道・中山道・甲州道中・日光道中・奥州道中)を整備。それ以外の幹線道路(脇海道)も整備された

・宿場町(宿駅)や一里塚，旅行者を管理する関所が設けられた

・町人や近隣の百姓は，輸送や通信のため人馬を負担した(❷＿＿＿＿)

・御用通行の不足分の負担(❸＿＿＿＿)もあった

2 水上交通の整備

・津軽から江戸まで，太平洋上を通る❹＿＿＿＿と日本海側の東北地方から下関を回って大坂にいたる❺＿＿＿＿の開発

・江戸と大坂を結ぶ南海路では，大型帆船を用いる❻＿＿＿＿や，18世紀以降，小型でおもに酒荷を運ぶ❼＿＿＿＿が運行

・18世紀後期以降，日本海沿岸を航行する❽＿＿＿＿や，尾張を拠点とする内海船などが活動

・海運や舟運の整備は，遠隔地の商品流通を促進させるきっかけとなった

3 商業の発達

①流通の中心地・大坂

・大坂には❾＿＿＿＿が構えられ，諸藩は年貢米や❿＿＿＿＿とよばれる名産品を売りさばく

・販売や代金の出納にあたる商人を⓫＿＿＿＿・⓬＿＿＿＿という

・同業者の販売の独占をはかろうとする商人により，⓭＿＿＿＿結成

②江戸と大坂

・江戸・大坂間の運送時の損害を補償するため，江戸には⓮＿＿＿＿が，大阪には二十四組問屋が結成された

・三都には⓯＿＿＿＿とよばれる民間の商品も流通した。江戸神田・大坂⓰＿＿＿＿の青物市場，江戸⓱＿＿＿＿・大坂雑喉場の魚市場，大坂堂島の⓲＿＿＿＿市場などの卸売市場が栄えた

4 金融の発達

・東国では金が，西国では銀が使用される→金・銀・銭の⓳＿＿＿＿の両替が必要となる→⓴＿＿＿＿の存在が不可欠となる

・金貨・銀貨は幕府の管理のもと，㉑＿＿＿＿・銀座で鋳造される

・17世紀前期以降は，銭座では㉒＿＿＿＿が大量に鋳造される

・藩内でも㉓＿＿＿＿が流通

→こうした貨幣の整備が，貨幣経済の浸透につながる

資料から考えてみよう

問1　右の２つの貨幣は，いずれも慶長年間のものである。それぞれの名称を答えよう。

(A　　　　　　　　)（B　　　　　　　　）

問2　右の２つの貨幣について，価値の確認の仕方の違いを簡潔に説明してみよう。

A

（長径約7.1cm）

B

（長径約9.8cm）

問3　金・銀のうち，おもに東国で使用されていたのはどちらか，答えよう。　（　　　　）

問4　三貨とよばれた貨幣は，金・銀ともう１つは何か，答えよう。　（　　　　）

問いにチャレンジ

①交通の発達はどのような変化をもたらしただろうか。

武士と商人それぞれについて，交通の発達により考えられる変化をあげてみよう。

武士
商人

②経済の進展は人々にどのような影響を与えただろうか。

貨幣経済の進展について，都市と農村で，どのような影響があったかを考えてみよう。

クイズQ　火急の書状は「四日限仕立飛脚」とよばれる飛脚が運送したとされるが，そのとき発生した料金は，おおよそ，いくらだったと推定されている？
①１両　②４両　③８両

40　6 京・大坂から新たな文化が発信された

？ 江戸時代前期にはどのような文化がおこったのだろうか。

❷のヒント　江戸幕府3代将軍の徳川家光によって建立された。家康が祀られている。

歌舞伎　市川団十郎(初代)をはじめとする多くの役者が輩出された。

⓭のヒント　白石が設定した独自の時代区分である「九変五変説」が記されている。

⓯のヒント　元禄期に登場した関孝和が発達に大きく貢献した。

1 江戸時代の社会と文化

・大坂の役以降，長期にわたる平和な社会のなかで文化が継承された

・公家・武家・庶民らは，それぞれの身分によって独自の文化を磨く

・三都と地方都市を結ぶ交通・流通網の形成→各地に多様な特産品が生まれるなか，上方文化，江戸文化，そして各地の領国の地域独自の文化が展開

2 江戸時代前期の文化

①武家や公家，裕福な町人らを担い手とした新たな文化(❶＿＿＿＿)

・権現造の❷＿＿＿＿の造営

・数寄屋造の❸＿＿＿＿の造営

・絵画では，狩野探幽や俵屋宗達，❹＿＿＿＿らが活躍。公家文化の伝統をくむ流れが展開

②京都・大坂の「上方」中心，町人らが担い手の文化(❺＿＿＿＿)

・❻＿＿＿＿の浮世草子，❼＿＿＿＿の俳諧，近松門左衛門の❽＿＿＿＿・歌舞伎の脚本など，町人文芸が開花

3 江戸時代前期の学問

①儒学

・❾＿＿＿＿派の興隆により，❿＿＿＿＿や木下順庵らが儒学の主流としての地位を築く

・⓫＿＿＿＿派や古学派は❾＿＿＿＿を批判しながら発展した。孔子・孟子の原典研究を重視した古学派は，⓬＿＿＿＿が確立

②諸学問の発達

・歴史学…新井白石による『⓭＿＿＿＿』

・国文学…⓮＿＿＿＿や北村季吟らが『万葉集』などの研究をすすめ，のちの国学の基礎を築く

・農学や本草学の発展。土木・建築や商取引などにともない⓯＿＿＿＿も発達

・天文・暦学では渋川春海(安井算哲)が日本独自の暦として⓰＿＿＿＿をつくる

4 くらしと生活文化

・社会の安定にともない，庶民のくらしも変化した

→木綿衣料の全国的普及，武士・町人の米飯の日常化，三都における瓦葺きの屋根，畳の普及，人糞尿やごみのリサイクル(循環型社会の形成)など

・時間的，経済的に余裕を得た町人らは芝居小屋に足を運び，歌舞伎などを楽しむ。また，寺社参詣や花見など娯楽を楽しむ文化も定着

資料から考えてみよう

問1　右の資料のうち，下に描かれている作業を見て，どのようなリサイクルがおこなわれていたかを説明してみよう。

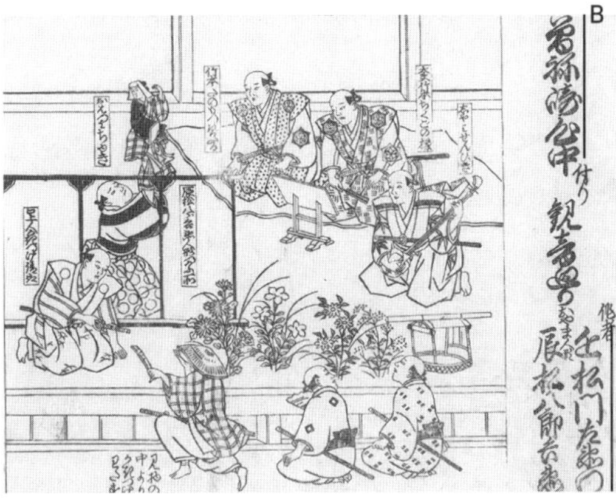

B
A

問2　左の資料には，ある人形浄瑠璃の一幕が描かれている。作者名(A)と，代表作である作品名(B)を資料の文言から読み取ってみよう。

(A 作者名　　　　　　　　　　　　　　　　)

(B 作品名　　　　　　　　　　　　　　　　)

問いにチャレンジ

①寛永文化と元禄文化は，それぞれどのような特色をもっていたのだろうか。

それぞれの文化の担い手となった層を確認してみよう。

	時期	担い手
寛永文化	寛永年間(1624～44年頃)	
元禄文化	元禄年間(1688～1704年頃)	

②儒学の発展は学問にどのような影響を与えただろうか。

1　儒学が影響力をもったと考えられる理由を考えてみよう。

2　儒学のうち，古学派の特徴をまとめてみよう。

41 1 幕政の改革がはじまった 2 幕府や藩に対し人々の不満が爆発した

? なぜ享保の改革がおこなわれたのだろうか。

1 財政の窮乏と改革の開始

①８代将軍❶＿＿＿＿による政治改革＝(❷＿＿＿＿)
・17世紀末の年貢収入の減少により，幕府の財政難が顕在化
→旗本や御家人に対して質素・倹約を求める
　人材の登用のために❸＿＿＿＿を実施
・金銭の貸借などの訴訟は当事者間で解決させる(❹＿＿＿＿)
②財政改革
・増収を図るため，❺＿＿＿＿を実施(諸大名に１万石につき100石の割合で献上米を課し，かわりに大名の参勤交代を緩和)
・新田開発を奨励。検見法を改め，❻＿＿＿＿を採用
・農学などの実学の奨励…❼＿＿＿＿による甘藷(さつまいも)の栽培

2 多岐にわたる改革・社会の変容

米価安の諸色高　年貢米収入の増大化で，米価だけが過剰に市場に売り込まれたことから，結果として米価のみが低迷した。

⑩のヒント　これに寄せられた意見により，貧しい人々を救済する医療施設として小石川養生所が設置された。

・「米価安の諸色高」への対策。町奉行❽＿＿＿＿などの有能人材の登用。江戸を大火から守るための❾＿＿＿＿の組織化。庶民の意見を聞く❿＿＿＿＿の設置など
・1742年，『⓫＿＿＿＿』を制定し，司法の合理化をはかる
→❷は成果をあげるが，年貢増収策に対して⓬＿＿＿＿が増加
・貨幣経済の進行にともなう貧富の差の拡大
→田畑質流れの事実上の容認→地主化する者も発生し，⓭＿＿＿＿に成長
・都市では，貧困に苦しむ下層の職人や日雇いの人々の増加

? 宝暦・天明期に一揆や打ちこわしが急増した理由は何だろうか。

3 田沼意次の政治

・18世紀後半の宝暦・天明期，老中⓮＿＿＿＿による改革
・新たな財源の模索→⓯＿＿＿＿を積極的に公認し，⓰＿＿＿＿と冥加金を課す
・商人の資金を利用して印旛沼と手賀沼の干拓に着手
・長崎貿易の奨励→大坂に⓱＿＿＿＿を設け，銅の専売制へ
・俵物の産地である蝦夷地の開発計画→⓲＿＿＿＿らの北方調査
・各藩も財政難のなか，藩校による人材育成，専売制などの財政再建を試みる

銅　銅銭などの原料で，大きな需要があった。元禄年間に入ると国内の産出量の減少で，確保が難しくなっていた。

⑲のヒント　群馬・長野県境に位置する活火山。

4 一揆と打ちこわし

・⓳＿＿＿＿の大噴火や天明の飢饉などの災害が続く
→人々の不満は高まり，⓬や⓴＿＿＿＿が相次ぐ
・17世紀には，領主に年貢の減免などを村の代表者が直訴することがあった。18世紀には大勢の村民が集団で領主に強訴することが多くなった

資料から考えてみよう

問1　右のグラフは，享保の改革の時期の幕領の総石高と年貢の収納高を示したものである。このグラフから読み取れることを説明してみよう。

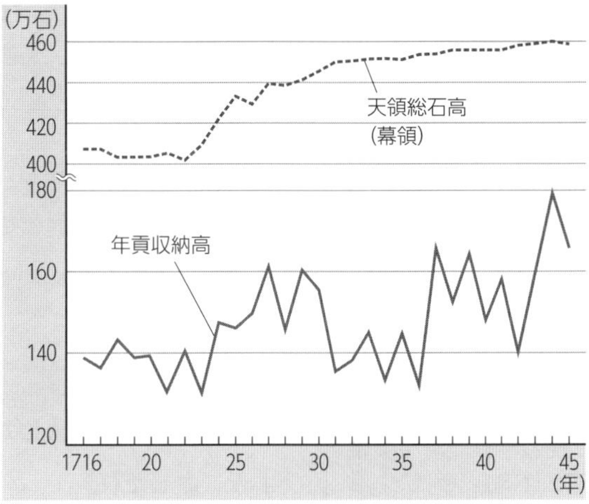

問いにチャレンジ

①享保の改革でおこなわれた政策の特色はどのような点にあるだろうか。

なぜ享保の改革がおこなわれたのか，背景となった経済状況をまず考えてみよう。

②享保の改革が成功したと思われる点と，課題と思われる点を考えてみよう。

享保の改革が何を重視したかをまずおさえたうえで，何が課題だったかも考えてみよう。

③享保の改革における徳川吉宗との比較で，田沼意次の政策の特色を考えてみよう。

経済対策として，田沼意次は，享保の改革のどのような点をふまえた政策をとったか考えてみよう。

クイズQ　名君と称された米沢藩の上杉治憲(鷹山)を「最も尊敬する日本の政治家」と言ったアメリカ大統領は誰？
①ケネディ　②ニクソン　③レーガン

42　3 せまってくる外国船

？ 寛政期(18世紀末)，幕府が直面した課題は何だったのか。

1 寛政の改革

①1787年に老中に就任した❶＿＿＿＿による政治改革

・農村政策を通して村々の再建をめざし，商業政策では江戸の豪商に資金を出させて米価調整をはかる

・札差に対して❷＿＿＿＿を発し，旗本・御家人への資金を放棄させる

・飢饉対策として❸＿＿＿＿を命じ，各地に米穀を貯蔵する社倉・義倉をつくらせ，江戸町人に対しては，町費の一部を囲米の資金として積み立てるように命じた(❹＿＿＿＿)

・無宿人を収容し更生させるための施設として，❺＿＿＿＿を江戸の石川島に設けた

②文教政策の展開

・朱子学を正学とし，❻＿＿＿＿の学問所での朱子学以外の講義・研究を禁じた(❼＿＿＿＿)

・出版物への統制…海防の重要性を説いた❽＿＿＿＿，洒落本・黄表紙作家の❾＿＿＿＿らを弾圧

→厳格な改革は各層の不満を高め，1793年に❶は老中を退く

2 北方への関心

①日本とロシア(18世紀からロシアによるシベリア開発すすむ)

・1792年に❿＿＿＿＿，1804年には⓫＿＿＿＿が，ロシアから日本に派遣され通商を要求したが，幕府は拒否

②蝦夷地調査

・幕府は，田沼政治の頃から蝦夷地以北の地に関心

→ロシアの接近により蝦夷地支配の重要性を感じ，千島や樺太方面に最上徳内や⓬＿＿＿＿・⓭＿＿＿＿らを派遣。また，一時，蝦夷地を幕府直轄地にして北方の備えとする

3 揺れる幕政と社会の変化

・❶引退後，幕政は11代将軍⓮＿＿＿＿の側近が主導

→文政期になると財政支出が増え，貨幣の大量発行によって景気が刺激される

→江戸を中心とする庶民文化の形成

・全国の農村で農村家内工業から⓯＿＿＿＿が広まる

・織物業の一部で⓰＿＿＿＿(マニファクチュア)が生まれる

→活発な経済活動をもたらしたが，貧富の差は拡大し，治安も悪化して幕府は対応に迫られる

❸のヒント　大名に対しては，領知高1万石につき50石を5年間，毎年備蓄させることとした。

⓭のヒント　樺太と沿海州の間の海峡はこの人物の名前でよばれている。

⓮のヒント　将軍職を子の家慶に譲り，自ら大御所として死去するまで実権をにぎった。これを大御所政治という。

資料から考えてみよう

問1　右の絵では，どのような作業が描かれているか。工場で働いている人物に着目しながら説明してみよう。

問2　右の絵のような工場の労働の形態を何というか。

（　　　　　　　　　　　　　　　　　　）

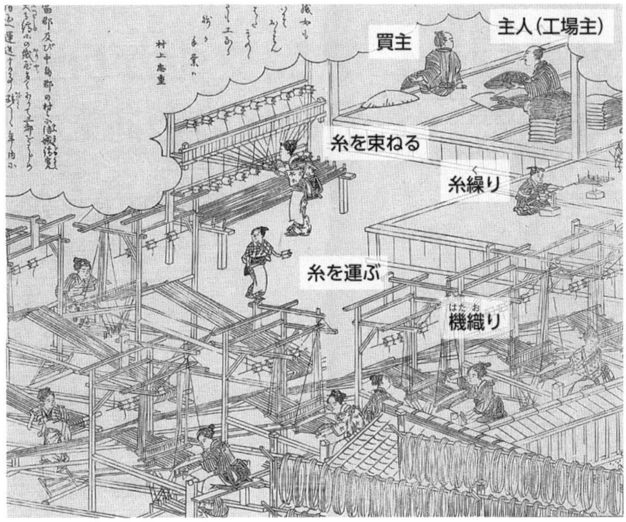

問3　右の史料は，林子平が海防の重要性を示すために著した書物の一部である。この書名は何か。

（　　　　　　　　　）

問4　幕府がこの書物に弾圧を加えたのにはどのような理由があるか，考えてみよう。

史料

…海国なるゆえ何国の浦えも，心に任せて船を寄らるる事なれば，東国なりとて曽て油断は致されざる事也。…

注①『海国兵談』―海防の重要性を説いたが，世間を惑わすとして，幕府に版木を没収された

問いにチャレンジ

①寛政の改革でめざされたのはどのようなことだったか。

どのような時期に寛政の改革がおこなわれたのか，背景となった社会状況をまず考えてみよう。

②幕府が北方への関心をもったのにはどのような理由が考えられるだろうか。

18世紀に入ってからのロシアの動きを確認してみよう。

クイズQ　松平定信の自叙伝『宇下人言』は，漢字２文字を分解してつけられたとされているが，その漢字２文字とは何か？
①老中　②松平　③定信

43 4 庶民文化が列島に展開した 5 新時代の予兆を示す学問・思想が登場した

? この時代の文化にはどのような特色があるだろうか。

❶・❷のヒント　❶は五七五，❷は五七五七七で表現される。

❻のヒント　「心を尽くして性を知り，性を知れば天を知る。天を知れば，天即孔孟の心なり」として，正直や勤勉，倹約，孝行の実践の重要性を説いた。

? この時代の学問はどのような特色をもっているのだろうか。

⓮のヒント　1828年の帰国の際，持ち出し禁止の日本地図を持っていたために国外追放の処分を受けた。

⓲のヒント　江戸時代中期に大坂の有力商人が出資してつくった学問所。

1 江戸中後期の文化・教育の浸透と地域の文化

①宝暦・天明期(18世紀後半)と文化・文政期(化政期)(19世紀前半)
・戯作(読本や洒落本，黄表紙など)は貸本屋を通じて愛好される
・俳諧・❶＿＿＿＿・❷＿＿＿＿の創作
・歌舞伎や浄瑠璃の上演→役者などを描いた❸＿＿＿＿も人気
・農村…農事暦に合わせる生活，五節句の行事や神社の祭礼

②教育の浸透…人々の生活の全体的向上
・❹＿＿＿＿での庶民の子弟の教育→識字率が急速に高まる
・18世紀はじめ，京都の❺＿＿＿＿がおこした❻＿＿＿＿は，生活倫理や商業の正当性をわかりやすく説き，町人に受け入れられる
・高度な教育機関として，各地に❼＿＿＿＿が設立される
・諸藩での武士の子弟の教育→❽＿＿＿＿の設置。❾＿＿＿＿では庶民も入学を許される

2 国学と尊王思想

①国学…❿＿＿＿＿により大成される。⓫＿＿＿＿は復古神道を唱え，天皇を尊ぶ考え方を説く

②尊王思想…19世紀に入り，外国からの圧力が強まるにつれて尊王思想と攘夷思想が結びつく(⓬＿＿＿＿の思想)→幕末の⓬運動を支える

3 洋学の発達

①蘭学…実学分野(医学や天文学など)の習得
・1774年，前野良沢や杉田玄白らによる『⓭＿＿＿＿』の翻訳出版
・大槻玄沢の芝蘭堂，⓮＿＿＿＿の鳴滝塾，⓯＿＿＿＿の適塾などで人材が育成される
・高橋至時の寛政暦，⓰＿＿＿＿の『大日本沿海輿地全図』
・天文方に⓱＿＿＿＿(のち蕃書調所)設置→洋書翻訳・研究

4 変革のための思想

・大坂の⓲＿＿＿＿出身者の富永仲基による仏典批判，山片蟠桃による無神論など，幕藩体制の動揺を受けて社会変革の思想が生まれる
・⓳＿＿＿＿の『自然真営道』…身分制社会を否定
・海保青陵，本多利明，佐藤信淵らが経済思想を説く
・大蔵永常や⓴＿＿＿＿(金次郎)は，農政に関する体験から，勤労を尊ぶ考え方にもとづき農村の再建に尽力
・大原幽学は関東の農村で農業経営の合理化を説く

資料から考えてみよう

問1　右の史料は，安藤昌益が著した書物の一部である。この書名は何か。

(　　　　　　　　)

問2　右の史料を読んで，著者は何を主張しているのか，簡潔に説明してみよう。

史料

〈現代語訳〉

…あちらに富者がなく，こちらに貧者もなく，ここかしこに人間階級の上下がなく，…上がなければ下を責めとる欲望もなく，下がなければ上の者にこびへつらう工夫もしなくてよい。…天地があるから人間が耕作するだけで，このほか一つも私意で動くことがない。これが，本来の自然の世の理想の姿なのである。

問いにチャレンジ

①現代と共通するものを考えてみよう。

教科書 p.150で説明されている文化や事象で，現代とも共通する部分を見つけてみよう。

②この時代の文化の隆盛の要因としてはどのようなことが考えられるだろうか。

たとえば，洋学が発展した要因について考えてみよう。

③社会の変容のなかで，人々は学問や思想に何を求めていたのだろうか。

江戸時代中期・後期の学問や思想についてまとめた以下の表を見て，空欄に適切な説明を考えてみよう。

特徴	具体例
日本古来の精神をみいだす・日本古来の信仰を重んじる	本居宣長，平田篤胤ら
(1　　　　)を尊ぶ・外国を排撃する	尊王攘夷思想
西洋世界の学識の習得をめざす	
体制維持を説く(2　　　　　)や，仏教・神道に対する批判を主張	富永仲基，山片蟠桃ら
(3　　　　　)や海外貿易，産業の国営化などによる経済の強化を主張	海保青陵，本多利明，佐藤信淵ら
農村の再建をめざす	大蔵永常，二宮尊徳，大原幽学ら

クイズQ　伊能忠敬は，約何年間で全国の沿岸を測量したとされている？　①約7年間　②約17年間　③約27年間

44 第３章　チェックポイント

①応仁の乱で山名持豊(宗全)と権力を争った有力守護大名。…………………（　　　　　　　　）
②戦闘の際に雇われ，戦場で略奪や放火をおこなった雑兵のこと。……（　　　　　　　　）
③守護代や国人が勢力を伸ばし，守護の命令に従わなくなる風潮。……（　　　　　　　　）
④守護の富樫政親を滅ぼし，100年にわたり一国を治めた一揆。…………（　　　　　　　　）
⑤戦国大名がとった，有力家臣のもとに下級家臣を配属させるしくみ。（　　　　　　　　）
⑥16世紀前半に銀の採掘がはじまり，日本産の銀の中心となった，現在の島根県にある銀山。
……………………………………………………………………………………（　　　　　　　　）
⑦1549年に鹿児島に渡来し，キリスト教を伝えたイエズス会の宣教師。（　　　　　　　　）
⑧キリスト教信者となった大名のこと。………………………………………（　　　　　　　　）
⑨桶狭間の戦いで，織田信長に敗れた駿河の戦国大名。……………………（　　　　　　　　）
⑩1575年に織田信長が武田勝頼を破った戦い。………………………………（　　　　　　　　）
⑪1576年に織田信長が琵琶湖岸に築いた城。…………………………………（　　　　　　　　）
⑫豊臣政権で鋳造された長径14.6cm にもなる大型の貨幣。…………………（　　　　　　　　）
⑬豊臣政権で実施された太閤検地で公定枡と定められたもの。……………（　　　　　　　　）
⑭1588年に豊臣秀吉が諸大名に発した，百姓の武器を没収する法令。…（　　　　　　　　）
⑮朝鮮侵略のうち，1592～93年の戦い。……………………………………（　　　　　　　　）
⑯1600年におこった，徳川家康が石田三成らに勝利した戦い。……………（　　　　　　　　）
⑰大坂冬の陣・大坂夏の陣で徳川家康に滅ぼされた，豊臣秀吉の子。…（　　　　　　　　）
⑱知行高１万石未満の幕府直臣のうち，将軍に謁見できる，御目見以上の者。
……………………………………………………………………………………（　　　　　　　　）
⑲江戸幕府が，武家諸法度(元和令)と同年の1615年に制定した，各国の城に関する法令。
……………………………………………………………………………………（　　　　　　　　）
⑳３代将軍徳川家光のとき大名に義務づけられた，江戸と国元を１年交代で往復すること。
……………………………………………………………………………………（　　　　　　　　）
㉑幕府と藩が土地と人民を統治するしくみ。…………………………………（　　　　　　　　）
㉒蠣崎氏から改称し，アイヌとの交易の主導権をにぎった氏。……………（　　　　　　　　）
㉓商場での交易を和人商人が請け負う，アイヌとの交易の制度。…………（　　　　　　　　）
㉔琉球使節のうち，琉球王国の国王の代替わりの際に，江戸に派遣された使節のこと。
……………………………………………………………………………………（　　　　　　　　）
㉕1609年に対馬の宗氏が朝鮮と結び，日朝外交が復活した条約。…………（　　　　　　　　）
㉖江戸幕府が東南アジア方面への商船に与えた渡航許可状。………………（　　　　　　　　）
㉗海外情報を提供するためにオランダから幕府に提出されたもの。……（　　　　　　　　）
㉘1637年の，キリシタン弾圧と年貢取り立てに対する百姓らの武力蜂起。（　　　　　　　　）

p.89クイズの答え　②

㉙いずれかの寺院にその檀那(檀家)であることを明示させる制度。……(　　　　　)

㉚1651年に由井正雪らが幕府転覆を計画した事件。……………………(　　　　　)

㉛江戸幕府6代将軍の徳川家宣に登用され,『読史余論』などを著した儒学者。

……………………………………………………………………………………(　　　　　)

㉜江戸時代によく使われた,人民一般をさし,下級武士・農民・職人・商人のことを意味した語。

……………………………………………………………………………………(　　　　　)

㉝名主(庄屋・肝煎)・組頭・百姓代からなる村役人の総称。…………(　　　　　)

㉞領主から課された年貢・諸役を,村全体で請け負う制度。…………(　　　　　)

㉟近世の農業技術で改良された,脱穀用の農具。……………………(　　　　　)

㊱17世紀末の体系的農書である『農業全書』を記した人物。…………(　　　　　)

㊲政治や経済の中心となった都市である,江戸・大坂・京都の総称。…(　　　　　)

㊳中山道・甲州道中・日光道中・奥州道中とともに,五街道とされた道。(　　　　　)

㊴江戸と大坂を結ぶ南海路で運行した大型帆船。……………………(　　　　　)

㊵18世紀後期以降,松前から日本海を運航して大坂に入る船。………(　　　　　)

㊶蔵物の取引,蔵物の代金などの出納にあたった商人。………………(　　　　　)

㊷17世紀前期以降,銭座で大量に鋳造され広く普及した通貨。………(　　　　　)

㊸八条宮智仁親王(後陽成天皇の弟)が造営した別荘で,書院造に茶室建築を取り入れた数寄屋造の建築。

……………………………………………………………………………………(　　　　　)

㊹大坂の町人出身の俳諧師で,浮世草子を大成した人物。……………(　　　　　)

㊺代表作『曽根崎心中』など,歌舞伎と人形浄瑠璃の脚本を著した人物。(　　　　　)

㊻古学派とともに,朱子学に対し批判・修正というかたちで発展した学派。

……………………………………………………………………………………(　　　　　)

㊼日本独自の暦として貞享暦をつくった人物。………………………(　　　　　)

㊽享保の改革で実施された,在職期間中のみ不足の石高(役料)を補う制度。

……………………………………………………………………………………(　　　　　)

㊾幕領で,過去の年貢高をもとに年貢率を定める方法。………………(　　　　　)

㊿1742年,判例に基づく司法の合理化をはかるために制定された法令。(　　　　　)

(51)1772年,側用人から老中に登用されて幕政をにぎり,民間の経済活動の活発化をめざした人物。

……………………………………………………………………………………(　　　　　)

(52)白河藩主出身で,寛政の改革を実施した人物。……………………(　　　　　)

(53)飢饉に備えて,各地に社倉・義倉をつくらせて米穀を蓄えさせる制度。(　　　　　)

(54)1792年に根室に来航し,通商を求めたロシア使節。…………………(　　　　　)

(55)江戸幕府11代将軍で,大御所政治を展開した人物。…………………(　　　　　)

(56)10歳前後の庶民の子どもたちに読み書きを教えた教育機関。………(　　　　　)

(57)心学をおこし,生活倫理や商業の正当性を説いた人物。……………(　　　　　)

(58)『古事記』などに日本古来の精神をみいだし,国学として集大成した人物。

……………………………………………………………………………………(　　　　　)

45 第3章　章末問題

1　次の①～⑧の文章の下線部が正しければ○，誤っていれば適語を答えよ。知・技

①室町幕府８代将軍足利義政の後継者争いで，義政の妻日野富子と，子の足利義尚を擁した細川勝元に対し，山名持豊(宗全)は義政の弟の<u>義教</u>を擁立し，大乱が続いた。

②<u>種子島</u>に鉄砲が伝わり，その後鉄砲は紀伊の根来や近江の国友，堺などで生産されるようになった。

③キリスト教が伝わると，大名のなかにもキリスト教信者となる<u>バテレン</u>が現れ，大友義鎮・大村純忠・有馬晴信の３大名は，少年４人をローマ教皇のもとに派遣した。

④織田信長は，支配する岐阜や安土で，商工業者の自由な営業を認める<u>撰銭令</u>を出した。

⑤信長の家臣だった羽柴秀吉は，1585年に<u>征夷大将軍</u>に任じられ，翌年には太政大臣も兼ねて，後陽成天皇から豊臣の姓を授けられた。

⑥豊臣秀吉は，太閤検地をおこない，結果は土地台帳である<u>検地帳</u>にまとめられた。

⑦豊臣秀吉は，対馬の<u>大友氏</u>を通じて，朝鮮に日本への服属などを求めたが拒絶された。

⑧豊臣秀吉が，1592年から，16万人あまりの大軍を朝鮮に侵攻させたことを<u>慶長の役</u>という。

①(　　　)　②(　　　)　③(　　　)

④(　　　)　⑤(　　　)　⑥(　　　)

⑦(　　　)　⑧(　　　)

2　次の文章や史料を読んで，下の問いに答えよ。

A　一，大名小名，在江戸交替相定むる所なり。毎歳夏四月中参勤致すべし。従者の員数近来はなはだ多く，且は国郡の費，且は人民の労なり。向後其相応を以て，減少すべし。……

B　一，文武弓馬の道，専ら相嗜むべき事。

一，諸国の居城，修補をなすと雖も，必ず言上すべし。……

一，私に婚姻を締ぶべからざる事。

C　幕府は，朝廷への統制をおこなう一方で，朝廷との関係を緊密にする動きもみせた。1620年には，２代将軍徳川秀忠の娘が①<u>天皇</u>に入内した。

問1　史料Aで定められた，大名が江戸と国元を往復することを何というか。知・技 (　　　)

問2　史料A・Bの法令名をそれぞれ答えよ。知・技

A(　　　)　B(　　　)

問3　下線部①について，徳川秀忠の娘が入内した天皇は誰か，答えよ。知・技 (　　　)

問4　以下の文Ⅰ～Ⅲについて，古いものから年代順に正しく配列したものを，ア～カのうちから一つ選べ。思・判・表　(　　　)

Ⅰ　史料Aの発令　Ⅱ　史料Bの発令　Ⅲ　徳川秀忠の娘の天皇家への入内

ア　Ⅰ－Ⅱ－Ⅲ　イ　Ⅰ－Ⅲ－Ⅱ　ウ　Ⅱ－Ⅰ－Ⅲ

エ　Ⅱ－Ⅲ－Ⅰ　オ　Ⅲ－Ⅰ－Ⅱ　カ　Ⅲ－Ⅱ－Ⅰ

③ **次の年表を見て，下の問いに答えよ。**

年代	おもな出来事
1651	由井正雪の乱
1657	（　A　）の大火 ①『大日本史』編纂着手
1671	東廻り海運が開かれる
1685	生類憐みの令
1695	②幕府，慶長小判にかわり元禄小判を鋳造する
1702	赤穂浪士大石良雄ら，吉良義央を討つ
1709	幕府，③新井白石を登用（＝（　B　）の政治）
1710	白石の進言により，（　C　）を創設する
1715	④海舶互市新例の発令

問1　年表中の（　A　）～（　C　）に入る適語を答えよ。知・技

A（　　　　　　　　）　B（　　　　　　　　）

C（　　　　　　　　）

問2　下線部①について，『大日本史』編纂をはじめた水戸藩主の徳川光圀は仁君（明君）として知られる。同時期に活躍した仁君（明君）に該当しない者をa～dから選び，記号で答えよ。

知・技　（　　　）

a池田光政　b保科正之　c前田綱紀　d藤田東湖

問3　下線部②について，なぜ幕府は慶長小判をあらためて元禄小判を鋳造したのか。その理由を簡潔に説明せよ。思・判・表

問4　下線部③の人物は，外交の見直しをはかったことでも知られている。その事績を，「簡素化」と「地位」の2語を用いて，簡潔に説明せよ。思・判・表

問5　下線部④について，これはある貿易における貿易額を制限し，海外へ金銀が流出するのを防ごうとした法令であるが，その貿易名は何か。知・技　（　　　　　　　）

④ **次の文章を読んで，下の問いに答えよ。**

17世紀末にはじまった日本の古典研究は，18世紀後半に本居宣長が『古事記』などに日本古来の精神をみいだし，国学として集大成した。のち，宣長の影響を受けた平田篤胤が日本古来の信仰を重んじる（　A　）を唱え，儒教や仏教を批判し，天皇を尊ぶ考え方を説いた。18世紀に入ると，医学や天文学などの実学分野で，西洋の学識を習得しようとする動きが出てきた。なかでも1774年の（　B　）や杉田玄白らによる『解体新書』の翻訳出版を機に，蘭学熱が高まった。オランダ商館医のシーボルトが長崎に開いた（　C　）などの①私塾では，すぐれた人材が育成された。

問1　空欄（　A　）～（　C　）に入る適語を答えよ。知・技

A（　　　　　　　　）　B（　　　　　　　　）　C（　　　　　　　　）

問2　下線部①について，緒方洪庵が大坂に開いた蘭学の私塾を何というか。知・技　（　　　　　）

問3　下線部①について，高度な教育機関である私塾のほか，庶民の子弟を教育する寺子屋もあった。教育の普及によって，どのような影響が社会にもたらされたか。簡潔に説明せよ。思・判・表

46 1 幕藩体制が揺らぎはじめた

? 国内の危機と国外からの危機は，社会にどのような影響を与えたのだろうか。

1 外国船への対応と異国船打払令

①外国船の接近・来航への対応

・1808年，イギリス軍艦❶＿＿＿＿が敵対するオランダ船を探し，長崎に侵入→事件に衝撃を受けた幕府は，長崎や江戸湾の海防を強化

②❷＿＿＿＿の発令(1825年)

・外国の捕鯨船員が日本に上陸した事件をきっかけに発令

・1837年，幕府はアメリカ船❸＿＿＿＿を砲撃

→幕府の政策を批判した蘭学者を処罰する❹＿＿＿＿がおこる

2 社会不安の高まりと「内憂外患」

①高まる社会不安

・多数の餓死者を出した❺＿＿＿＿を背景に，各地で❻＿＿＿＿や打ちこわしが続発

・大塩の乱(1837年)…もと大坂町奉行所の役人であった❼＿＿＿＿が貧民救済を求めて武装蜂起→半日で鎮圧，幕府に大きな衝撃

②「❽＿＿＿＿」(社会不安の高まり)と「❾＿＿＿＿」(外国船接近による対外問題)→体制再建のためには改革が必要

3 天保の改革とその挫折

①天保の改革(1841～43年)…老中❿＿＿＿＿による政治改革

・きびしい⓫＿＿＿＿により，幕臣たちの風紀を引きしめ，庶民のぜいたくを取りしまる

・物価を下落させるため，流通を独占する⓬＿＿＿＿の解散を命じる

→効果はみられず，かえって流通市場の混乱を招く

・年貢の増収をねらい，江戸・大坂周辺を直轄地とする⓭＿＿＿＿を出す→大名たちの反発により撤回される

②改革の結果…老中❿＿＿＿＿失脚，改革は挫折

4 西南雄藩の改革

①1830年代頃から本格的な藩政改革をすすめる

・長州(萩)藩…専売制の改革，下関で倉庫業や金融業を担う⓮＿＿＿＿の設置などにより財政を再建

・⓯＿＿＿＿(鹿児島)藩…黒砂糖の専売，琉球での密貿易

・肥前(佐賀)藩…陶磁器の専売，⓰＿＿＿＿建設による軍制改革

②改革の意義…積極的な人材登用をすすめ，財政再建・軍制改革などにより藩の権力を強化→幕末の政局のなかで大きな影響力をもつ

❷のヒント　中国船・オランダ船以外はためらうことなく(二念無く)撃退せよと命じたので，別名「無二念打払令」ともいう。

❹のヒント　蘭学者のグループを「蛮学社中(蛮社)」とよんだ。渡辺崋山や高野長英らの蘭学者が参加していた尚歯会も，そうした「蛮社」のひとつ。

⓭のヒント　江戸・大坂周辺に領地をもつ大名たちに，領地の支配権(知行権)を返上するように命じた法令。

⓰のヒント　大砲を製造するために建設した溶鉱炉施設。

資料から考えてみよう

問1　右の史料の傍線部A「大坂の奸賊」とは，具体的には誰のことか，答えよう。　（　　　　　　　　）

問2　右の史料の空欄Bには，「内憂」に対して，国外の問題を表す言葉が入る。その言葉を答えよう。

（　　　　　　）

問3　徳川斉昭は百姓一揆が生じる理由をどのように考えていただろうか。史料から抜き出して答えよう。

史料　■水戸藩主徳川斉昭の意見書（「戊戌封事」）（一八三八年）

太平の御世には御座候へども、人の身にたとへ候えば、甚だ不養生にて、種々さまざまの病症、きざし居り候……右の病症、委細は筆紙に尽くし兼ね候へども、大筋は、内憂と［B］との二つに御座候。……近年、参州・甲州の百姓一揆徒党を結び、または大坂の奸賊、容易ならざる企て仕り、なお、当年も佐渡の一揆御座候は、畢竟下々にて上を怨み候と、上を恐れざるより起こり申し候。……［B］とは、海外の夷賊、日本をねらひ候患に御座候。

注①参州・甲州の百姓一揆―一八三六年の三河国・甲斐国の一揆　②大坂の奸賊―［A］　③佐渡の一揆―一八三八年に起きた佐渡国の一揆　④畢竟―究極的には　⑤夷賊―外国人のことを侮蔑的に表現した語句

問4　右の絵で煙を出している建物は，鉄を溶かす施設である。この施設を何とよぶか，答えよう。

（　　　　　　　）

問5　右の絵の施設では何を製造していたのか，答えよう。

（　　　　　　　）

問いにチャレンジ

①「内憂外患」とは，どのような社会の状況をさしていたのだろうか。

国内の心配ごと（内憂）と，国外からの心配ごと（外患）に分けて考えてみよう。

②「内憂外患」に対し，幕府や藩はどう対応しただろうか。

1　幕府の対応について考えてみよう。

2　藩の対応について考えてみよう。

クイズQ　長州藩は藩の借金250万両を，何年間で返済すると借金取りに約束した？　①25年間　②50年間　③250年間

47　2 黒船がやってきた

? 欧米諸国は日本に対してどのような外交をおこなったのだろうか。

❶のヒント　条約を締結した中国の長江下流にある都市の名でよばれる。

❼のヒント　伊豆半島南島端にある港湾都市。太平洋側から江戸へ向かう船は，この地をめざして航行し，ここから北上して江戸湾に入った。

自由貿易　国家が外国との貿易に何の制限も加えないこと。反対語は，保護貿易。

⓰のヒント　外国人が一定の地域に限って居住や営業を認められた場所をいう。

1 アヘン戦争と幕府の対外政策

①アヘン戦争(1840～42年)…アヘン密貿易をめぐり，清とイギリスが戦争

・イギリスが勝利，❶＿＿＿＿を結び，清に開港させる

→アメリカ・フランスも清と条約締結，欧米諸国の東アジアでの活動積極化

②幕府の対外政策

・異国船打払令にかえて❷＿＿＿＿(1842年)を発令

・オランダ国王が日本に❸＿＿＿＿を勧告→幕府拒否，鎖国政策の堅持

・アメリカの❹＿＿＿＿が浦賀に来航，通商を要求するも幕府拒否

2 ペリー来航と日本開国

①ペリーの来航

・アメリカは蒸気船の石炭補給地，捕鯨船の避難地を日本に求める

・1853年，❺＿＿＿＿率いるアメリカ艦隊が浦賀に来航

→大統領の国書を提出し，日本に❸を要求

・1854年，❺＿＿＿＿が再来航，❻＿＿＿＿を締結

②❻＿＿＿＿の締結(1854年)

・内容：❼＿＿＿＿・❽＿＿＿＿の開港，アメリカ船へ物資の供給

・イギリス・ロシア・オランダとも同様の条約を締結

→日露和親条約では国境を画定(❾＿＿＿＿と得撫島との間を国境とし，❿＿＿＿＿には国境線を引かないことを定めた)

3 琉球王国とペリー艦隊

・欧米諸国の船が琉球へ来航→幕府や，琉球を支配する薩摩藩に衝撃を与える

・琉米条約(1854年)…❺が琉球王国と締結，薪水などの給与を定める

4 通商条約と日本の開港

①アメリカ総領事⓫＿＿＿＿の❼＿＿＿＿着任(1856年)

②⓬＿＿＿＿の締結(1858年)

・内容：❼＿＿＿＿・❽＿＿＿＿のほか，神奈川(⓭＿＿＿＿)・⓮＿＿＿＿・⓯＿＿＿＿・兵庫(神戸)を開港

開港場に⓰＿＿＿＿を設定し，通商は自由貿易とする

・外国領事による裁判権(⓱＿＿＿＿)を認め，輸出入品にかける関税率の決定権(⓲＿＿＿＿)が日本にないなど，日本にとって不平等な条約

・オランダ・ロシア・イギリス・フランスとも同様の条約を締結(⓳＿＿＿＿)

資料から考えてみよう

問1　右の史料は，アメリカ大統領フィルモアの国書である。傍線部Aの「提督」がこの国書をもたらした。この人物はだれか，答えよう。　（　　　　　）

問2　右の史料の空欄Bに入る国名は何か，答えよう。
（　　　　　）

問3　右の史料は日本に何を求めているか，読み取ろう。

史料　アメリカ大統領フィルモアの国書

私は陛下①と陛下の政府とに対し深甚なる親愛の情を抱いており，また私が提督(A)を日本に派遣した目的は，合衆国と日本とが友好を結び，相互に商業上の交際をなすべきことを提案するためにほかならない。……われわれは，陛下の政府の古い法律が，中国と［B］以外の外国との貿易を許さないことは知っている。しかし，世界の情勢は変化し，数々の新しい政府が形成されているとき，時勢に応じて新しい法律を定めることが賢明と思われる。

（『ペリー艦隊日本遠征記』）

注①陛下――ここでは将軍のことをさす

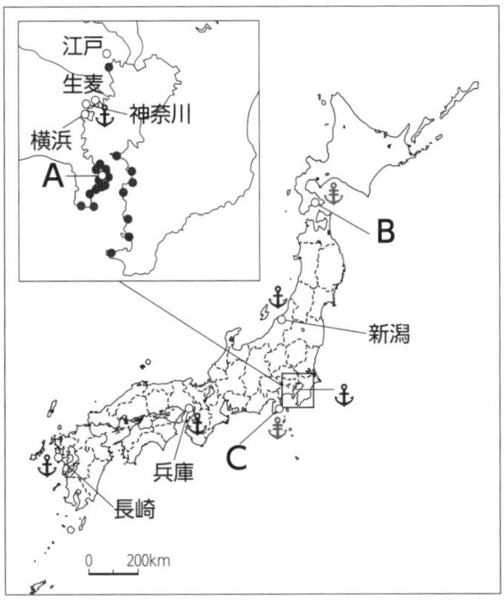

問4　左の地図で，問1の人物が来航したAの地名を答えよう。
（　　　　　）

問5　左の地図のBとCは1854年に開港された場所である。それぞれの地名を答えよう。
（B：　　　　　）　（C：　　　　　）

問6　左の地図上の丸印（●）は，幕府が築造した海防用の砲台の位置を示している。この砲台を何とよぶか，答えよう。　（　　　　　）

問いにチャレンジ

①アメリカはなぜペリーを派遣したのだろうか。

アメリカは日本に何を要求したのだろう。また，その使節になぜ軍人のペリーを選んだのだろうか。

②日米和親条約と日米修好通商条約は，それぞれどのような内容の条約だったろうか。

各条約の目的を念頭において，それぞれの内容を整理してみよう。

日米和親条約：
日米修好通商条約：

クイズQ　日米修好通商条約の批准書（国家の同意書）交換のため，アメリカ船に随行した幕府の軍艦の名前は？
①氷川丸　②咸臨丸　③安宅丸

48

3 日本国内が動乱をむかえた
4 江戸幕府が崩壊した

? 開港によって，日本の政治や社会はどう変化しただろうか。

1 開国前後の政局と諸改革

①幕府の対応

・老中❶＿＿＿＿は，アメリカ大統領の国書への対応について諸大名に意見を求め，朝廷へも報告→朝廷の権威が上昇，大名の発言力が強まる

・❷＿＿＿＿の勅許のないまま，❸＿＿＿＿は日米修好通商条約に調印→幕府批判が強まり，❹＿＿＿＿がさかんに

②❺＿＿＿＿(1858年)…幕府批判者を弾圧

→❻＿＿＿＿(1860年)で大老❸が暗殺される

2 貿易の開始とその影響

①貿易の開始(1859年)…❼＿＿＿＿・長崎・箱館ではじまる

・貿易額は❼＿＿＿＿が最大，取引相手国は❽＿＿＿＿が首位

・輸入品：毛織物・綿織物など，輸出品：生糸・茶など

②影響…物価が上昇，生活苦となった庶民や下級武士は幕府を批判

❽のヒント　産業革命を最初に達成し，世界経済において大きな影響力を有していた国。

3 公武合体の推進

①❾＿＿＿＿…朝廷(公)と幕府(武)の協力体制を企図

・1862年，❷＿＿＿＿の妹和宮が14代将軍徳川家茂に嫁ぐ

②薩摩藩(❾派)と長州藩(尊王攘夷派)の動き

・薩摩藩と会津藩が提携→尊王攘夷派の長州藩士や公家を京都から一掃

・長州藩は再起をはかって京都に攻め上るが失敗(❿＿＿＿＿)

→幕府は第1次⓫＿＿＿＿をおこし，長州藩を降伏させる

❿のヒント　別名「蛤御門の変」ともいった。

4 攘夷事件と対外的緊張

①⓬＿＿＿＿(1862年)…薩摩藩士がイギリス人を殺傷

・翌年，イギリス艦隊が鹿児島市街を焼き払う(⓭＿＿＿＿)

②下関外国船砲撃事件(1863年)…長州藩が外国船を砲撃

・翌年，英・仏・蘭・米の四国連合艦隊が下関を砲撃→長州藩敗北

⓬のヒント　事件がおこった横浜近郊の村の名称に由来。

5 大政奉還から王政復古へ

①薩摩藩・長州藩の接近…幕府への批判を強め，討幕へ向かう

・1866年，反幕府軍事同盟(⓮＿＿＿＿)を結ぶ

→第2次⓫＿＿＿＿をおこすも，幕府は長州藩に敗北

②⓯＿＿＿＿(1867年)…15代将軍徳川慶喜が朝廷に政権を返上

→討幕派は⓰＿＿＿＿で天皇中心の新政府樹立を宣言

? 江戸幕府はなぜ崩壊したのだろうか。

6 社会の変革の予感

・世直し一揆の頻発，⓱＿＿＿＿(1867年)の乱舞

資料から考えてみよう

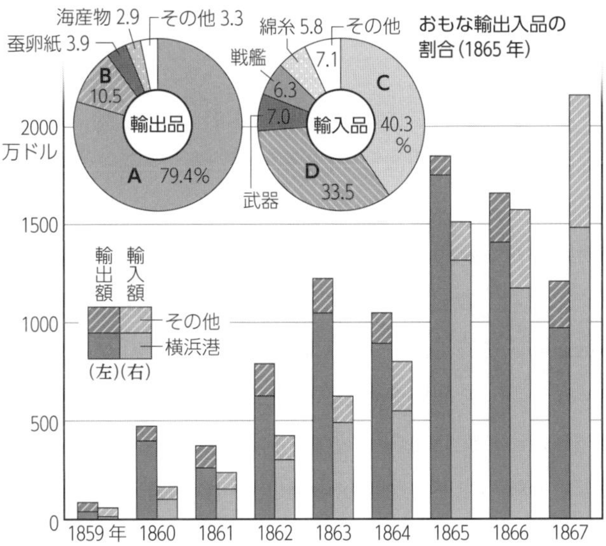

問1 左のグラフは，開港後の貿易額の推移を示したものである。A～Dに入る貿易品の名前を答えよう。

(A:　　　　　　) (B:　　　　　　)

(C:　　　　　　) (D:　　　　　　)

問2 貿易開始直後から，輸出が輸入を上回る輸出超過だったが，輸入超過に転じたのは何年だろうか。

(　　　　　)年

問いにチャレンジ

①開港後，日本の貿易額はどのように推移しただろうか。

輸出額と輸入額のグラフの変化を確認してみよう。

②日本での攘夷事件に対して，欧米諸国はどのような対応をとったのだろうか。

長州藩と薩摩藩がおこした攘夷事件を例に，欧米諸国がどのように対応したか，考えてみよう。

③幕府の崩壊は，どのようにすすんだのだろうか。

教科書の記述を読み，第2次幕長戦争から江戸幕府が終わりをむかえるまでの流れを確認してみよう。

クイズQ 江戸幕府最後の将軍徳川慶喜が，大政奉還を上表した場所はどこ？　①江戸城　②名古屋城　③二条城

49　1 新しい時代の夜明けをむかえた

？ 中央集権的な政治体制は，どのように築かれたのだろうか。

❶のヒント　当時は，政治が一新した，という意味で「御一新」とよんだ。

❻のヒント　5枚の高札によって，民衆に新政府の方針を知らせようとしたもの。

❾のヒント　旧藩主が領地(版図)と人民(戸籍)を朝廷に返上するという意味。

政体書　新政府の政治組織を定めた布告書。太政官に権力を集中させることや，三権分立などを定めた。

⓲のヒント　アメリカの制度を模倣したもので，ナショナル＝バンク(国立銀行)といっても民営銀行だった。

1 戊辰戦争

①❶………………………幕末〜明治初年，政治・社会・文化などの変化

②戊辰戦争の開始(1868年)

・旧幕府…徳川慶喜が新政府から排除されたことに不満

→❷……………………の戦い(1868年)を機に戊辰戦争はじまる

・新政府軍…江戸城の無血開城を実現，東北や越後の諸藩による❸……………………を屈服させる

・諸外国は中立を宣言，しだいに新政府を正当な政権と承認

・箱館の❹……………………での戦いで旧幕府軍が降伏(1869年)→国内統一

2 中央集権の確立

①新政府の成立

・❺……………………(1868年)…新政府の基本方針を示す

・❻………………………旧幕府の民衆統治の方針を継承

・年号を❼……………………と改元，天皇一代につき年号は一つ(一世一元の制)

・江戸を東京と改称，天皇が京都から東京へ移る(❽……………………)

②中央集権体制への改革

・❾……………………(1869年)…旧藩主が領地・人民を朝廷に返上

・❿……………………(1871年)…藩を廃止し，府・県を置く

→府(東京・大阪・京都)には⓫……………………，県には県令を派遣

③中央官制の改革

・古代の政治組織を模した⓬……………………を導入(1868年に政体書公布)

→1871年，太政官を正院・左院・右院とする

・要職の多くを薩長土肥の出身者が独占→⓭……………………の批判を招く

3 租税制度と通貨・金融制度

①租税制度の改革

・地価を定め土地の自由売買を認める。地主と自作農に⓮……………………を交付

・⓯……………………(1873年)……⓮所有者に地価の3％を地租として金納させる→各地で⓰……………………がおこる

→1877年，政府は地租を2.5％に引き下げる

②貨幣制度の統一と銀行制度

・⓱……………………(1871年)…円・銭・厘の十進法による貨幣制度

・⓲……………………(1872年)…銀行制度の整備

→翌年，民営の第一国立銀行など4行が設立

p.99クイズの答え　③

資料から考えてみよう

問1　右の史料を何というか，答えよう。

（　　　　　　　　　　）

一　広ク会議ヲ興シ、万機公論ニ決スヘシ
一　上下心ヲ一ニシテ、盛ニ経綸ヲ行フヘシ
一　官武一途庶民ニ至ル迄各其志ヲ遂ケ、人心ヲシテ倦マサラシメンコトヲ要ス
一　旧来ノ陋習ヲ破リ、天地ノ公道ニ基クヘシ
一　智識ヲ世界ニ求メ、大ニ皇基ヲ振起スヘシ

問2　傍線部A「旧来ノ陋習」とは，「昔からの悪い習慣」という意味である。具体的には何をさしているのだろうか，答えよう。

（　　　　　　　　　　）

問3　傍線部B「天地ノ公道」とは，具体的に何をさしているのか，答えよう。

（　　　　　　　　　　）

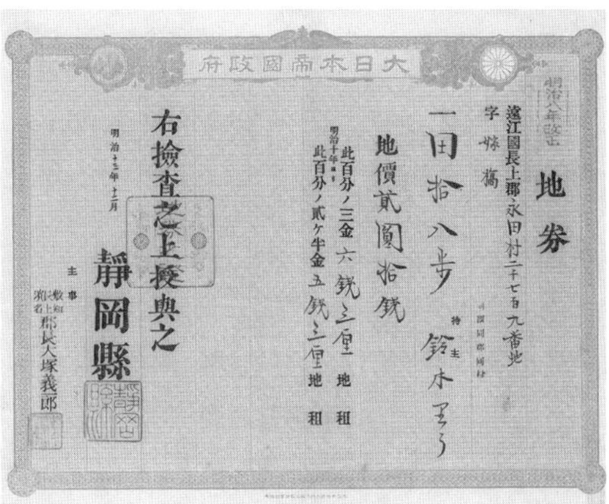

問4　左の写真は，地主と自作農に発行された土地所有の権利証である。この権利証を何というか，答えよう。　（　　　　　　　）

問5　左の権利証には「地価　二円十銭」と書かれている。地租を地価の３％とすると，この権利証を持つ人物が国に納める地租はいくらになるか。次のア・イから選ぼう(ただし，１円＝100銭，１銭＝10厘)。

ア．約６銭３厘　　イ．約５銭３厘　　（　　　）

問いにチャレンジ

①戊辰戦争は，どのような経緯をたどって終結したのだろうか。

鳥羽・伏見の戦い以降の流れをたどってみよう。

②明治政府の全国統治のしくみは，どのように形成されただろうか。

版籍奉還と廃藩置県の実施により，中央集権的な統治体制が成立していく過程をたどってみよう。

50 2 富国強兵がめざされた
3 欧米の考えが入ってきた

? 政府はどのように富国強兵を実現しようとしたのだろうか。

1 「四民平等」の原則

①身分制度の改革…国家を支える国民意識を形成させる

・大名や公家→❶＿＿＿＿，武士→❷＿＿＿＿，農工商→❸＿＿＿＿

・1876年，❹＿＿＿＿…金禄公債証書を交付し，家禄を廃止

→多くの下級❷は生活に困窮，政府は北海道開拓などの❷授産を実施

②解放令(賤称廃止令)(1871年)…えた・非人の名称廃止→差別は根強く続く

2 教育制度とその実態

①学校制度の整備

・1871年，❺＿＿＿＿を設置

・1872年，❻＿＿＿＿制定…小学校の設置，6歳以上の男女の就学義務

→住民負担が多く，各地で❻＿＿＿＿反対一揆がおこる

②教育令(1879年)を公布…各地の実情を考慮した制度にきりかえる

3 富国強兵の推進

①❼＿＿＿＿(1873年)…満20歳以上の男性に兵役義務

・前年に❽＿＿＿＿を出し，国民皆兵の必要を説く

→各地で徴兵に反対する一揆(❾＿＿＿＿)がおこる

②❿＿＿＿＿政策…近代産業の育成

・1870年，⓫＿＿＿＿設置…造船・鉱山などの事業，⓬＿＿＿＿敷設(1872年，新橋—横浜間開通)，電信線の架設などをすすめる

・1873年，⓭＿＿＿＿設置…農牧・製糸・紡績業や海運業などを育成

→⓮＿＿＿＿(群馬県)など官営模範工場を通じて産業振興

→海運業では⓯＿＿＿＿を集中的に保護(⓰＿＿＿＿)

・⓱＿＿＿＿…欧米から多くの学者や技術者たちを招く

4 欧米思想の広がり

①欧米思想の紹介…海外渡航者や留学経験者が欧米思想を日本に紹介

・⓲＿＿＿＿(著書『学問のすゝめ』)，中江兆民，中村正直らが紹介

②⓳＿＿＿＿の結成(1873年)…機関誌『明六雑誌』

5 宗教界の変化

①政府の宗教政策…⓴＿＿＿＿を国教(国の宗教)とする方針を決定

・仏教を排除する㉑＿＿＿＿の運動おこる

→⓴＿＿＿＿国教化は実現できず

・キリスト教は禁止→潜伏キリシタンらの抵抗と欧米の非難を受け，以後放置

②㉒＿＿＿＿…黒住教・天理教・金光教など

---

❾のヒント　❽のなかに「血税」の文字があったことから，外国人に生血を売るとの誤解が生じたという。

⓮のヒント　輸出用生糸の品質改善・生産向上・技術者育成のために設置された。世界遺産。

⓰のヒント　政府と特別な関係をもって利権を得ている商人のこと。

? 明治維新によって，日本の思想や宗教はどう変化しただろうか。

⓳のヒント　団体名は，設立された明治6年(1873年)に由来する。

㉑のヒント　「仏教を廃し，釈迦の教えを捨て去る」の意。各地で寺院・仏像・仏画・経巻などが破壊された。

資料から考えてみよう

史料 ■徴兵告諭

人タルモノ、固ヨリ心カヲ尽シ、国ニ報セサルヘカラス、西人之ヲ称シテA血税ト云フ。其ノ生血ヲ以テ、国ニ報スルノ謂ナリ。

問1　徴兵告諭の傍線部A「血税」とは何のことをさしているのか，答えよう。　（　　　　　　　　）

問2　徴兵を免役されるさまざまな規定が書かれた『徴兵免役心得』も発行された。どのような人が免役されたのか，あげてみよう。

問3　左の絵は，何という工場の内部を描いたものか，答えよう。

（　　　　　　　　）

問4　左の絵に描かれた工場は，2014年に世界遺産に登録された。何県にあるか，答えよう。

（　　　　　　　　）

問いにチャレンジ

①政府の富国強兵に向けた政策は，どのように推進されたのだろうか。

「富国」（経済力をつけること）と「強兵」（軍事力を強化すること）に分けて考えてみよう。

②政府の諸政策に対し，人々はどのような反応をしただろうか。

新しい考え方や負担・義務などを，人々は受け入れられたのか，考えてみよう。

③欧米の考えは，どのように広まったのだろうか。

欧米思想に触れたのはどのような人々で，どのような手段でその思想を紹介したのだろうか。

クイズQ 「近代日本経済の父」と称される渋沢栄一が，その生涯でかかわった企業の数はいくつ？
①約50社　②約200社　③約500社

51　4 日本の国境が定まった

? 明治政府の外交政策はどのように展開していったのだろうか。

1 岩倉使節団

①政府の外交課題

・不平等条約の改正，朝鮮や清との国交樹立，国境の画定など

②岩倉使節団

・1871年，❶＿＿＿＿を大使とする使節団を欧米に派遣

・欧米諸国の視察は，その後の政府の進路決定に大きく影響

2 朝鮮の開国

①❷＿＿＿＿(武力を用いてでも朝鮮に開国をせまる考え)の高まり

・明治政府が朝鮮に国交樹立を要求，朝鮮は拒否→❷＿＿＿＿高まる

・帰国した❶・大久保利通らは国内の政治改革の優先を主張

・政府は分裂状態となり，❸＿＿＿＿・❹＿＿＿＿・江藤新平らは政府を去る(❺＿＿＿＿)

→以後，政府の実権は大久保らがにぎる

②朝鮮の開国

・1875年，朝鮮領海を侵した日本軍艦が砲撃され交戦(❻＿＿＿＿)

・1876年，❼＿＿＿＿(江華条約)を締結し，朝鮮を開国させる→日本の領事裁判権や関税免除の特権を朝鮮に認めさせた不平等条約

3 琉球王国の消滅

①清との関係

・1871年，❽＿＿＿＿を締結…国交成立，日本と清は対等関係

②琉球の帰属問題

・江戸時代，琉球王国は薩摩藩の支配を受け，清にも従属

・1872年，琉球王国を廃して❾＿＿＿＿を置く(❾王は尚泰)

・1871年，琉球諸島の船の乗組員が，台湾(清領)で殺害される事件おこる

→1874年，日本は台湾に軍隊派遣(❿＿＿＿＿)，琉球の領有権主張

・1879年，軍事力を背景に❾を廃止し，⓫＿＿＿＿設置

(これら一連の過程を⓬＿＿＿＿という)→清は日本の琉球領有を認めず，日本への帰属確定は⓭＿＿＿＿後

4 国境の画定

①対ロシア…⓮＿＿＿＿(1875年)を締結

・⓯＿＿＿＿→ロシア領，⓰＿＿＿＿全島→日本領となる

②小笠原諸島…アメリカ・イギリスに対し領有を宣言し，日本領となる

❸のヒント　のちに西南戦争の士族の首領となる人物。

❹のヒント　のちに自由民権運動のリーダーのひとりとなり，自由党の党首となる人物。

❼・❽のヒント　国どうしのつきあいは利益にもとづくのではなく友好によるべきだとする東洋的な考え方から「通商条約」の語を避け，「修好条規」とされた。

資料から考えてみよう

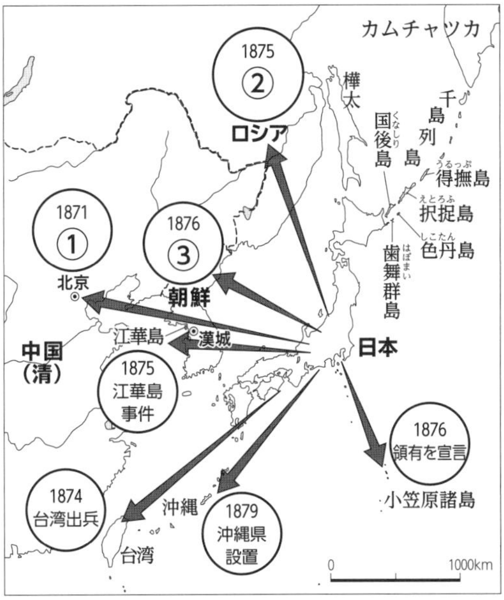

問1　左の地図に，1854年に締結された日露和親条約による国境線を，実線(——)で書き入れよう。

問2　左の地図に，1875年に締結された条約による国境線を，破線(-----)で書き入れよう。

問3　現在，日本の北方領土とよばれる島々の名称を，○で囲んでみよう。

問4　左の地図中の①～③には，明治初期に日本が各国と締結した条約名が入る。それぞれの条約名を，下の空欄に書き入れよう。

①(　　　　　　　　　　　　　　　)

②(　　　　　　　　　　　　　　　)

③(　　　　　　　　　　　　　　　)

問いにチャレンジ

①明治初期の日本の外交はどのような特色があっただろうか。対欧米・対アジアという視点で考えてみよう。

「不平等条約」という語を使って，説明してみよう。

②琉球処分をおこなった政府のねらいについて考えてみよう。

江戸時代，琉球と日本，琉球と清がそれぞれどのような関係にあったのかをふまえ，日本のねらいを考えてみよう。

クイズQ 岩倉使節団とともにアメリカに渡った女性留学生の一人，津田梅子は当時何歳だった？　①6歳　②16歳　③26歳

52

5 国家への不満は人々を行動に走らせた
6 不況が農村に変化をもたらした

? 政府の改革に対し，それに不満をもった人々はどのように行動したのだろうか。

❼のヒント　地方(府・県)に置かれた議会のこと。

? 松方正義の経済政策は自由民権運動にどのような影響を与えたのだろうか。

⓰のヒント　物価の継続的下落のこと。

⓲のヒント　目的を同じくする者が一つにまとまることを意味する「小異を捨てて大同につく」という言葉から名づけられた。

1 新政府への抵抗

①士族の武力反乱…数々の特権を奪われ，士族の不満がつのる

・❶＿＿＿＿から，敬神党(神風連)の乱・秋月の乱・萩の乱と続発

・1877年，❷＿＿＿＿…西郷隆盛を首領とする最後の士族反乱

2 自由民権運動のはじまり

①士族を中心にした反政府運動…武力にかわり言論による反政府運動へ

・1874年，❸＿＿＿＿ら，❹＿＿＿＿を政府に提出

・1874年，❸＿＿＿＿ら，高知で❺＿＿＿＿を結成

→1875年，大阪に全国的組織の❻＿＿＿＿を結成

②政府の動き…ゆくゆくは立憲体制に移行していく方針を示す

・元老院(立法機関)・大審院(最高司法機関)・❼＿＿＿＿を設置

・新聞紙条例などで，政府批判の言論活動や出版物・新聞を取りしまる

3 自由民権運動の高まり・政党の結成

①1880年，❽＿＿＿＿結成…国会開設の請願運動

→全国の政治結社に❾＿＿＿＿(憲法の私案)作成をよびかける

②政府の対応…1880年，❿＿＿＿＿で各地の演説会を取りしまる

・1881年，⓫＿＿＿＿の政変…伊藤博文が，国会の早期開設を唱える大隈重信を政府から追放。⓬＿＿＿＿を出し，1890年の国会開設を国民に公約

③政党…⓭＿＿＿＿(党首❸)・立憲改進党(党首大隈重信)の結成

④女性の民権家…岸田俊子，景山(福田)英子ら

4 自由民権運動の停滞

①インフレーション(物価の継続的上昇)進行→政府財政の行きづまり

②松方財政…大蔵卿⓮＿＿＿＿の徹底した歳出削減と紙幣整理

・1882年，⓯＿＿＿＿設立…従来の紙幣を回収，⓯券に統一

・激しい⓰＿＿＿＿で農村は深刻な不況

・不況に苦しむ農民が一部の⓭員とともに蜂起，⓱＿＿＿＿(1882年)や秩父事件(1884年)などをおこす→自由民権運動は沈滞

5 自由民権運動の再興

①1886年，⓲＿＿＿＿運動…自由民権運動の再興をよびかける

→翌年，言論・集会の自由など求める⓳＿＿＿＿運動

②1887年，⓴＿＿＿＿…政府は民権派570余名を都心から追放

資料から考えてみよう

史料 ■民撰議院設立建白書

①臣等伏シテ方今政権ノ帰スル所ヲ察スルニ、上帝室ニ在ラズ、下人民ニ在ラズ、而独有司ニ帰ス。……臣等愛国ノ情自ラ已ム能ハズ。乃チ之ヲ振救スルノ道ヲ講求スルニ、唯天下ノ公議ヲ張ルニ在ル而已。天下ノ公議ヲ張ルハ②民撰議院ヲ立ルニ在ル而已。……

問1　左の史料中の傍線①「臣等」は，この建白書の署名者たちのことである。このなかにはのちに自由党の党首となった人物が含まれている。それはだれか，名前を答えよう。　（　　　　　　　）

問2　傍線②の「民撰議院」とは，現在の何のことか，答えよう。　（　　　　　）

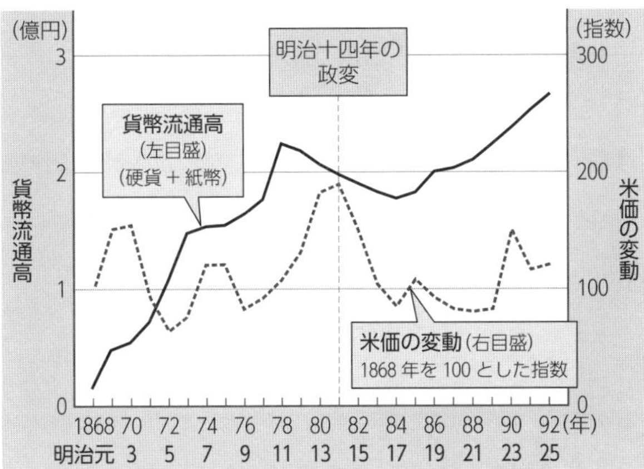

問3　左のグラフで，貨幣の流通高が減少する時期のうち，1881年からは，政府発行の紙幣や国立銀行券を回収する紙幣整理がはじまった時期である。この政策を実施した当時の大蔵卿の名前を答えよう。

（　　　　　　　）

問4　1881年を境に米価が下落している。このように物価が継続的に下落する現象を何というか，答えよう。

（　　　　　　　）

問いにチャレンジ

①士族・農民らは，政府の何に対して不満をもったのだろうか。

士族と農民のそれぞれについて，どのような不満があったのか，考えてみよう。

士族：

農民：

②自由民権運動に対し，政府はどのような態度・方針で臨んだのか。

政府の対応に，アメとムチのそれぞれの政策があったことを確認しよう。

③松方財政は農村にどのような影響をもたらしただろうか。

松方財政によって，農村は好況になったのか，不況になったのかをふまえ，考えてみよう。

クイズQ　わが国最初の日本銀行券(10円札)には，商売繁盛の神様が描かれている。その神様の名前は？
①恵比寿　②大黒天　③弁才天

53

7 憲法が制定され，国会が開かれた
8 家と地方の有力者が国家を支えていった

? 大日本帝国憲法でめざされたものは何だったのだろうか。

1 国家制度の改革

①憲法制定の準備

・1882年，❶＿＿＿＿らは憲法調査のためヨーロッパに渡る

②国家制度の改革

・1884年，❷＿＿＿＿を設けて国家制度の改革にふみきる

・1884年，❸＿＿＿＿を制定→貴族院開設の準備

・1885年，❹＿＿＿＿制度→初代❹総理大臣に❶が就任

❸のヒント　5段階の爵位を設け，爵位は世襲された。

2 大日本帝国憲法

①憲法の制定…憲法草案は❶＿＿＿＿のもと，極秘のうちに作成

・1888年，❺＿＿＿＿(天皇の最高諮問機関)で憲法草案を審議

・1889年２月11日，❻＿＿＿＿(明治憲法)が発布

・天皇の定める❼＿＿＿＿。あわせて皇室典範も制定

②憲法の内容

・天皇…最高統治者，数々の❽＿＿＿＿をもつ

・政府…各省大臣は天皇から任命され，天皇にのみ責任を負う

・議会…衆議院と貴族院の二院制，両院の権限は対等

・国民…天皇に従う❾＿＿＿＿，法律の範囲内で自由が認められた

2月11日　初代天皇の神武天皇が即位した日とみなされ，1873年に国家の祝日となり，紀元節と命名された。

❼のヒント　反対語は，人民が定める民定憲法。

3 初の国政選挙

・❿＿＿＿＿の公布(1889年)→初の総選挙

・選挙権…直接国税15円以上を納める満25歳以上の⓫＿＿＿＿に限定

・有権者…45万人(全人口の約１％に相当)，その大半は地主

4 初の国会

①第１回帝国議会(国会)(1890年)

・衆議院では⓬＿＿＿＿が多数議席を占め，地租の軽減・行政費削減を要求

→⓭＿＿＿＿は，政党を無視する⓮＿＿＿＿で対応

②⓯＿＿＿＿…政府と⓬が対立→日清戦争がおこると対立は解消

⓯のヒント　第１議会から第６議会までの総称。

5 諸法典の整備

? 諸法典や地方制度にはどのような特色があったのだろうか。

①刑法・民法・商法など国内法の整備

②⓰＿＿＿＿…⓱＿＿＿＿起草の民法をめぐり論争

→1898年，明治民法を施行…伝統的な家族制度を重視，戸主に強い権限

⓱のヒント　明治政府に招かれて来日したフランス人法学者。

6 地方自治制度

①地方制度…市制・町村制(1888年)，⓲＿＿＿＿・郡制(1890年)

②明治の大合併(1889年)…地方財政力強化を目的に，町村を大合併

資料から考えてみよう

問1　右の図は，大日本帝国憲法下の国家機構を示したものである。A～Cにあてはまる語句を答えよう。

（A：　　　　　　）

（B：　　　　　　）

（C：　　　　　　）

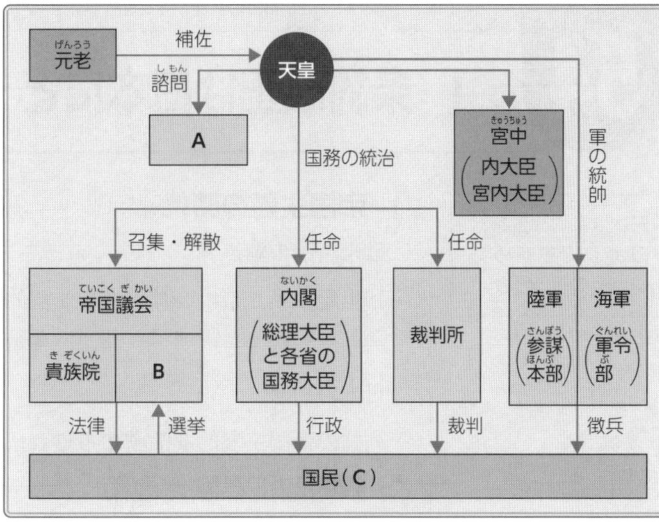

問2　右の「警官立ち合いの投票風景」を見ると，当時の投票箱が現在と比べて小さかったことがわかる。その理由を考えてみよう。

問いにチャレンジ

①大日本帝国憲法の特色をまとめてみよう。

憲法の最大の特色がどこにあるのかを考えて，説明してみよう。

②初期議会の特色についてまとめてみよう。

民党と政府のそれぞれの立場と，両者の関係を中心にまとめてみよう。

③民法や地方制度の整備には国家のどのような考えが反映されているだろうか。

国家は，家の管理や地方の行政を，それぞれどのような人たちに任せようと考えていたのだろうか。

クイズQ 「憲法発布で日本人はお祭り騒ぎ。しかし，誰もその内容をご存知ない」と日記に書いた外国人は？
①ベルツ　②モッセ　③ロエスレル

54　1 条約改正は日本にとって大きな課題だった

? 日本は条約改正をどのようにすすめていったのだろうか。

1 帝国主義の時代

①欧米諸国の動き

・19世紀後半，市場の拡大などを目的に，アジア・アフリカ・オセアニアなどの地域で❶＿＿＿＿の獲得をめざす

②日本の動き

・列強の帝国主義的な活動から逃れ，自らが帝国主義な行動をめざす

2 条約改正と欧化政策

①岩倉使節団（1871～72年）…不平等条約の改正を打診するも失敗

②外務卿❷＿＿＿＿による交渉

・欧米諸国は，欧米と同じ司法制度や社会習慣が確立していない日本で欧米人が裁かれることに懸念→英・独の反対で交渉は失敗

③外務卿（のち外務大臣）❸＿＿＿＿による交渉

・極端な❹＿＿＿＿政策…❺＿＿＿＿（欧米流の社交場）を建設

・❻＿＿＿＿事件（1886年）で，イギリス領事の判決に不信感→世論は❼＿＿＿＿の撤廃を強く求める

・改正案…❼の廃止，引きかえに外国人判事の任用を認める
→政府内部で，国家の威信をそこなうとの反対論がおこり，交渉は失敗

・反対運動も激化（❽＿＿＿＿運動）

④外務大臣❾＿＿＿＿による交渉

・❼＿＿＿＿の廃止，外国人判事の任用を大審院にのみ認める
→政府内外で反対強まる，❾の暗殺未遂事件により交渉は中止（1889年）

3 条約改正の成功

①外務大臣❿＿＿＿＿による交渉

・東アジアへの進出を強める⓫＿＿＿＿に対抗するため，イギリスが日本に接近→日本に好意的なイギリスと交渉し，合意に近づく

・1891年，⓬＿＿＿＿事件…来日中の⓫皇太子が負傷させられる
→❿＿＿＿＿は責任をとって外相を辞任，改正は実現せず

②外務大臣⓭＿＿＿＿による交渉

・⓮＿＿＿＿の調印（1894年）
…❼の撤廃と⓯＿＿＿＿の一部回復に成功

③外務大臣⓰＿＿＿＿による交渉

・改正日米通商航海条約の調印（1911年）
…⓯＿＿＿＿の完全回復に成功

❺のヒント　お雇い外国人コンドルが設計した洋風２階建ての建物で，政府要人や外国人たちにより舞踏会などがおこなわれた。

❻のヒント　事故をおこしたイギリス船の名前。

❽のヒント　地租の軽減，言論・集会の自由，外交失策の挽回（条約改正）の三つを政府に要求した。

⓬のヒント　事件がおきた滋賀県の地名。

資料から考えてみよう

問1　左の写真の建物は，1883年に東京の日比谷に建設され，欧米流の社交場として利用された。この建物の名前を答えよう。

（　　　　　　　　）

問2　左の写真の建物の建設を発案したのは，当時の外務卿(のち外務大臣)だった人物である。それはだれか，名前を答えよう。

（　　　　　　　　）

問3　右の風刺画は，フランス人の画家ビゴーが描いたものである。この絵で，ボート上にいる船長や船員たちは，どこの国の人々だろうか，答えよう。

（　　　　　　　　）

問4　右の風刺画は，何という事件を風刺したものか，答えよう。

（　　　　　　　　　　　　）

問いにチャレンジ

①欧米列強に条約改正を認めさせるには何が必要だったのだろうか。

欧米列強は日本に，自分たちの国々と同じようなしくみを求めたが，それはどのようなことか，考えてみよう。

②当初，条約改正が実現しなかった理由は何なのだろうか。

欧米列強が条約改正に反対していた理由と，のちに最初に条約改正が実現するイギリスとの当初の関係についても，考えてみよう。

クイズQ 外務省構内には，ある人物の銅像が建立されている。歴代外務大臣で唯一銅像となったその人物とは？
①大隈重信　②陸奥宗光　③小村寿太郎

55 2 清との対立が深まった

? 日本，朝鮮，清はどのように近代化をめざしたのだろうか。

❶❷のヒント　どちらの名称も，事件が発生した年の干支に由来。❶は「みずのえうま」の年，❷は「きのえさる」の年に事件がおきた。

❹のヒント　アジア諸国の近代化を待つより，西欧諸国と行動をともにすべしという主張を「脱亜入欧」といった。

❺のヒント　条約締結地の華北の都市名に由来。

❻のヒント　東学の乱ともいう。東学は，西学（キリスト教）に対する呼称で，朝鮮の民衆宗教。

❽のヒント　条約締結地の山口県の地名に由来。

両　中国の重量や銀貨の単位。1両は約37.3gで，銀貨1両は日本の1.55円に相当した。

1 近代化をめざす朝鮮と日本

①朝鮮国内の動き

・朝鮮国内では，日本に接近して近代化をすすめようという声がおこる

・❶＿＿＿＿＿（1882年）…軍制改革に反対し，大院君の勢力が反乱
　→宗主国の清が軍隊を派遣し，反乱を鎮圧

・❷＿＿＿＿＿（1884年）…朝鮮の近代化をめざす❸＿＿＿＿＿らの独立党が，日本公使館の援助をうけておこしたクーデタ
　→清軍によって鎮圧，朝鮮における清の影響力がより大きくなる

②日本国内の動き

・福沢諭吉は「❹＿＿＿＿＿」を発表→清や朝鮮の近代化を待つより，西洋諸国と行動をともにすべしと主張

・自由民権派による朝鮮改革運動もおこる

③❺＿＿＿＿＿の締結（1885年）

・日清両国が朝鮮に出兵する際には，たがいに事前通告することを約束

2 日清戦争

①❻＿＿＿＿＿（1894年）

・朝鮮で農民たちが武装蜂起→日清両軍が朝鮮半島に派兵，事態は収束するも両軍とも撤兵せず
　→朝鮮の内政改革をめぐって，日清間で対決姿勢が強まる

②❼＿＿＿＿＿の開始（1894年）

・日本が清に宣戦布告，国内では政党の政府批判がやみ一致協力の体制に

・戦争は日本に有利に展開

3 戦争の終結

①❽＿＿＿＿＿の締結（1895年）

・日本は清に，(1)朝鮮の独立，(2)❾＿＿＿＿＿・台湾・澎湖諸島の割譲，(3)賠償金❿＿＿＿＿＿両の支払い，(4)長江沿岸の沙市・重慶・蘇州・杭州の開港を認めさせる
　→朝鮮から清の影響力を排除し，海外領土や巨額の賠償金の獲得に成功

②⓫＿＿＿＿＿（1895年）

・ロシアが，フランス・ドイツとともに❾＿＿＿＿＿の返還を日本に要求→日本はやむなく受け入れる。国内ではロシアに対する反感が高まる

③⓬＿＿＿＿＿の設置（1895年）

・日本の支配に対する抵抗をおさえながら，台湾の植民地支配をすすめる

資料から考えてみよう

問1　右の「日清戦争関係地図」を見ると，日本と清との戦争であるにもかかわらず，おもな戦場は朝鮮半島となっている。なぜなのか，考えてみよう。

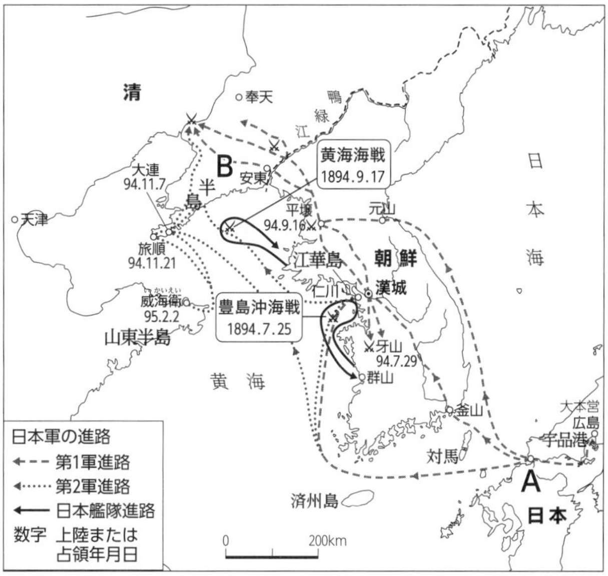

問2　日清戦争の講和条約が締結された，上の地図中のAの地名を答えよう。　(　　　　　　)

問3　三国干渉で日本が清に返還した，上の地図中のBの地名を答えよう。　(　　　　　　)半島

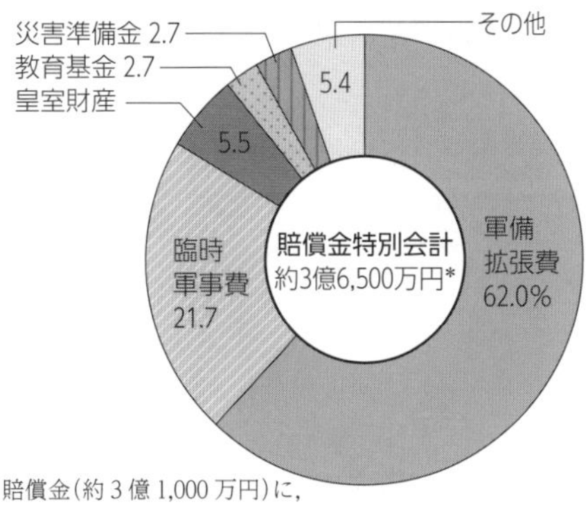

＊賠償金(約3億1,000万円)に，B半島返還の代償などを加えた金額。

問4　左の円グラフを見て，日清戦争の賠償金の使いみちについて，説明してみよう。

問いにチャレンジ

①日清戦争がおこった理由について考えてみよう。

日本と清は何をめぐって争ったのかに着目して考えてみよう。

②日清戦争前後で，日本にはどのような変化がおこっただろうか。

国内における変化と，国外における変化に分けて考えてみよう。

クイズQ　日清戦争を戦うためにはぜひとも必要と考えた海軍が，兵士たちに支給した軍用品は何？
①軍手　②サングラス　③足袋・草鞋

56　3 ロシアとの大きな戦争を戦った

? 日本とロシアは，なぜ対立したのだろうか。

租借　他国の領土の一部を期限付きで借りること。

❹のヒント　列強の中国分割に対し，通商の機会の開放などを求めたもの。中国への進出に出遅れたアメリカが提唱した。

❺のヒント　「扶清滅洋」(清を助けて西洋の勢力は滅ぼす)というスローガンを掲げていた。

❿のヒント　条約が結ばれたアメリカの都市の名称でよばれている。

1 中国の分割

①欧米列強の中国への進出

・❶＿＿＿＿での清の敗北後，各国が清国内に自国の権益を設定

・❷＿＿＿＿…❸＿＿＿＿半島南端の旅順・大連を租借

・アメリカ…中国における❹＿＿＿＿・機会均等を主張する一方，
　ハワイを併合，フィリピンを領有

2 ロシアの東アジア進出

①清国内の動き

・1900年，外国勢力排除を主張する❺＿＿＿＿が列強の公使館を包囲
　→清…この動きに乗じて列強に宣戦を布告(❺＿＿＿＿戦争)
　→列強…派兵して清を降伏させ，賠償金支払いや北京への駐留を認めさせる

②ロシアの動き

・清の降伏後も，中国東北地域(❻＿＿＿＿)に駐留を続ける

・朝鮮から国号を改めた❼＿＿＿＿でも親ロシアの意見が強まる
　→ロシアの東アジアでの影響力が強まる

3 日露戦争

①日本の動き

・ロシアの行動に対して，日本は，利害関係の一致するイギリスと，1902年に❽＿＿＿＿協約を結び，ロシアとの交渉・戦争準備をおこなう

・国内でも，一部の非戦論・反戦論のほかは，開戦支持の意見が強まる

②日露戦争開戦(1904年)

・戦争開始とともに日本は韓国と❾＿＿＿＿を結び，軍事上必要な土地を強制的に取り上げることができるようにする

・旅順，奉天を占領，1905年５月の日本海海戦ではバルチック艦隊を撃破

4 ポーツマス条約

①日露戦争の終結(1905年)

・日本は兵員や弾薬が不足，戦費支出も限界。ロシア国内では革命運動発生
　→アメリカの調停で講和会議，❿＿＿＿＿を結ぶ

②講和条約の内容と日露戦争後の日本

・日本は，(1)韓国における指導権，(2)旅順・大連の租借権，長春以南の鉄道・付属地の利権，(3)北緯50度以南の⓫＿＿＿＿の領有権などを得る

・多くの死傷者を出し，莫大な戦費を国内外の公債や増税でまかなったにもかかわらず賠償金得られず→暴動発生(⓬＿＿＿＿事件)

資料から考えてみよう

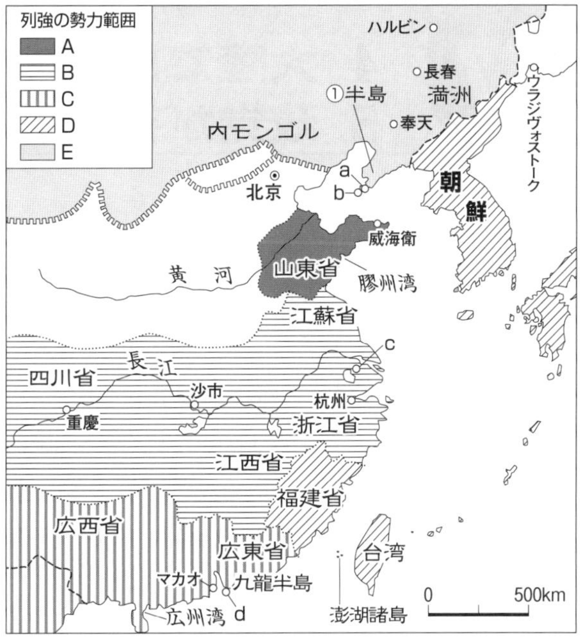

問1　左の写真は旅順にあったロシアの要塞である。右の地図のａ～ｄからその場所を選ぼう。　（　　　　）

問2　ロシアの旅順租借は1898年だが，このように列強が清から租借をおこなったきっかけは何だと考えられるか。

問3　右の地図は列強による中国分割を示したものである。地図中の①の半島の名前を答えよう。

（　　　　半島　）

問4　以下の国名は地図中のＡ～Ｅのどれに対応するか選ぼう。

（ロシア：　　　）（日本：　　　）（ドイツ：　　　）（フランス：　　　）（イギリス：　　　）

問いにチャレンジ

①日露戦争と日清戦争の共通点と相違点を考えてみよう。

主な戦場となった地域，日本国内の世論，戦死者や戦費，講和条約の結果などを比較してみよう。

②日露戦争の前後で，日本にはどのような変化がおこっただろうか。

国際関係について，アジアとの関係と，ヨーロッパ諸国との関係に分けて考えてみよう。

アジア：

ヨーロッパ：

日本国内について考えてみよう。

クイズQ　日露戦争に参戦した戦艦三笠は，現在，どこで復元保存されている？　①北海道　②神奈川県　③山口県

57

4 大陸で日本の勢力が拡大した
5 政党が存在感を強めた

? 日露戦争後，日本は朝鮮や満洲でどのように行動したのだろうか。

1 韓国併合

朝鮮半島への進出

・第１次❶＿＿＿＿(1904年)，第２次❶(1905年)

…財政・外交顧問を日本と協議，その後，韓国は❷＿＿＿＿を失う

→漢城に統監府を設置，初代統監に❸＿＿＿＿就任

・第３次❶(1907年)…韓国は❹＿＿＿＿を失う(軍隊解散)

→❸暗殺事件(1909年)…❺＿＿＿＿がハルビン駅頭で実行

・韓国併合条約(1910年)…❻＿＿＿＿設置

→初代総督に寺内正毅

→社会や支配体制の近代化をすすめる一方で，土地調査事業を実施

土地調査事業　土地所有権の確定，価格の査定，台帳の作成などをおこなった。農民の土地が奪われて小作人になる者や，満洲や日本に移住する者があらわれた。

2 満洲経営

・❼＿＿＿＿設置(1906年)…遼東半島南部(関東州)を統治

・半官半民の❽＿＿＿＿設立

・❾＿＿＿＿(1911年)→翌年，中華民国が誕生(臨時大総統孫文)

❽のヒント　長春・旅順間の鉄道や鉱山・製鉄業などを経営した。

3 日本の帝国主義的外交

・❿＿＿＿＿(1907～16年)…満洲・内モンゴルにおける日露間の勢力範囲を確定

→アメリカは日本の満洲進出に反発し，日本人移民の排斥運動が展開

4 隈板内閣と立憲政友会

? 政党政治はどのように展開していったのだろうか。

・第２次❸内閣…自由党と提携→⓫＿＿＿＿が内務大臣として入閣→第３次❸内閣では，地租増徴案に自由党と進歩党反対

・⓬＿＿＿＿結成…首相：大隈重信，内務大臣：板垣退助

(＝⓭＿＿＿＿内閣)→旧自由党と旧進歩党の対立，４カ月で総辞職

・⓮＿＿＿＿結成

…官僚や旧自由党系の勢力を結集(第４次❸内閣)

5 桂園時代と日露戦争後の社会

①桂園時代

・1901～13年まで，藩閥・軍部・官僚を背景とした陸軍大将の⓯＿＿＿＿と立憲政友会の⓰＿＿＿＿が交互に政権を担当

②日露戦争後の国民生活

・⓱＿＿＿＿…天皇の名で，一致団結や勤勉な生活を訴える

・⓲＿＿＿＿…江戸時代以来の農村を刷新し，税負担に耐えうる町村の編成→青年会，婦人会，在郷軍人会などを再編

⓲のヒント　日露戦争後の経済不況で疲弊した地方自治の財政再建と農業振興を目標にした。

 p.115クイズの答え　②

資料から考えてみよう

問1　右の写真中のAの建物は何か。また，その建物の後ろ(B)にある建物は何か，答えよう。

A(　　　　　　　　　　　　　　　)

B(　　　　　　　　　　　　　　　)

問2　右の写真中のAの建物は，日本の植民地支配の象徴とされているが，写真のどの点からわかるか。

問3　右の絵の中の左側のムチをもつ人物はだれを描いているか。その名前を答えよう。　(　　　　　　　)

問4　右の絵は問3の人物が重い税を課したことによって国民が苦しんでいるようすを表現している。なぜ，重い税を課したのか説明しよう。

問いにチャレンジ

①日本は東アジア地域における支配権を確立していくにあたり，どのような外交をおこなったのだろうか。

アメリカ，イギリス，ロシアとの関係に着目して考えてみよう。

②日本の朝鮮半島の植民地化は，朝鮮の社会に何をもたらしたのだろうか。

朝鮮総督府が実施した政策に着目して考えてみよう。

③日露戦争後の日本の社会は，どのような状態にあったのだろうか。

国民に着目して考えてみよう。

クイズQ 明治以降，日本で一番多くの移民を送り出した県はどこ？　①福島県　②沖縄県　③広島県

58　6 繊維産業を中心に産業は発展した

? どのようにして産業革命は達成されたのだろうか。

松方財政　1880年代前半に実施された松方正義の政策。紙幣整理，日本銀行設立，官営事業払下げ政策が中心。

❻のヒント　手回しのハンドルを回し，ベルト・歯車仕掛けで糸枠が回転する仕組み。

⓫のヒント　日清戦争後の軍備拡張・製鋼業振興政策による官営製鉄所。

1 資本主義の成立

・松方財政による金融の安定により，会社の設立が一挙にすすむ(企業勃興)

→金融制度の整備が不十分，凶作・輸出減により恐慌の発生(1890年)

・❶＿＿＿＿の採用…日清戦争での賠償金を準備金とする

→1890年代後半，多くの会社が再び設立される

・❷＿＿＿＿の形成…資本家が資本を投下して企業や産業を育成し，多くの労働者が雇用される

2 繊維産業

①紡績業(綿花→綿糸)の発展

・❸＿＿＿＿(❹＿＿＿＿らが設立)

…1883年に蒸気機関を用いた大規模生産に成功

・中国・インドから安価な❺＿＿＿＿が大量輸入→1897年，輸出入が逆転

②製糸業(繭→生糸)の発展

・❻＿＿＿＿から器械製糸に移行

・長野県・山梨県など蚕の生産地に工場設立→1909年，世界最大の輸出国へ

3 鉄道網の整備

①鉄道の発達

・❼＿＿＿＿(1881年)の設立…政府の保護と華族の出資

・鉄道建設ブーム…❽＿＿＿＿が全通(1889年)

→1890年代には，民営の鉄道路線の長さが官営の鉄道を上回る

・❾＿＿＿＿の制定(1906年)…軍事上・経済上の必要から主要な民営鉄道の国有化

②海運の発達

・❿＿＿＿＿(1885年)の設立…インド・欧米・オーストラリアとの航路を開設

4 重工業の成立

①鉄鋼業や造船業の発達

・官営⓫＿＿＿＿(1897年設立，⓬＿＿＿＿年操業)

→中国の大冶鉄山の鉄鉱石と⓭＿＿＿＿炭田(福岡県)の石炭を使用

・日本製鋼所(兵器生産)や⓮＿＿＿＿(造船)も設立

②財閥の形成

・⓯＿＿＿＿・三菱・住友などの財閥…多数の企業を設立，株式を所有することで支配→少数の財閥が産業界で大きな力をもつ

資料から考えてみよう

問1　左の「綿糸生産量の推移」のグラフのＡ～Ｃには「輸出」「輸入」「生産量」のいずれかが入る。それぞれ何を示すか答えよう。

（Ａ：　　　　　　　　）（Ｂ：　　　　　　　　）

（Ｃ：　　　　　　　　）

問2　1897年の綿糸の輸出入の変化について，【日清戦争】【中国・朝鮮】の語を用いて説明しよう。

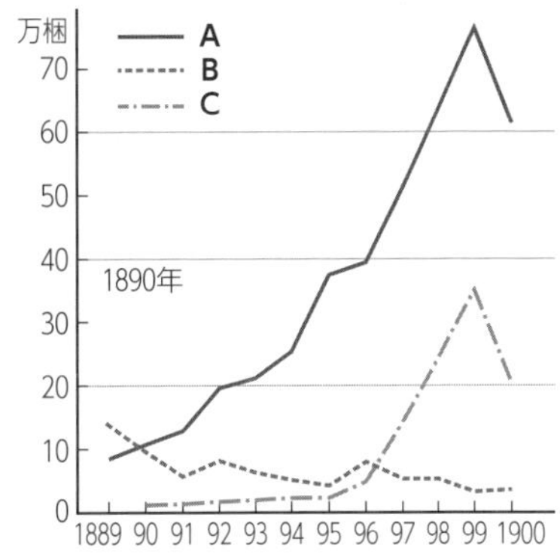

問3　次の文章は，左の写真の工場についての説明である。①～⑤に入る正しい語句を選ぼう。

この工場では，①(　イギリス　・　アメリカ　)製の紡績機械を導入した。当時は，②(　火力　・　水力　)を動力とする工場が多かったのに比べ，蒸気機関を利用し，電灯を設置し，③(　12　・　24　)時間操業をおこなった。従業員は④(　２交代　・　３交代　)制であり，⑤(　男性　・　女性　)が多かった。

問いにチャレンジ

①日本の産業革命の特色としては，どのようなことが言えるだろうか。

鉄道網の整備と繊維産業の発展を関連づけて考えてみよう。

②産業革命がもたらした変化とは，どのようなものがあげられるだろうか。

機械や動力の発明が社会にどのような影響を与えたか考えてみよう。

クイズQ　渋沢栄一が明治政府をやめた理由は何？
①体調が悪くなった　②自らの考えを実行できない　③給料が安かった

59　7 近代化は新たな問題を生んだ

? 産業の発達は社会にどのようなひずみをもたらしたのだろうか。

❶・❷のヒント　❶は❷からの小作料の収入に依存した。

1 農村の変化と都市問題

資本主義の弊害

・農村…❶＿＿＿＿が蓄えた資金で企業の設立や株への投資

→資本主義を発展させる一方で❷＿＿＿＿が増加→格差の拡大

・都市…官吏や商人だけでなく，知識人・ジャーナリストなどが住む

→貧しい人々(日雇労働者など)を救済するしくみはない

2 工業の発展による問題

①工業化の影響

・工場労働者の増加…貧しい❷出身者や❸＿＿＿＿が多い

→低賃金で，労働時間も❹＿＿＿＿業，❺＿＿＿＿業などで長時間におよぶ

②環境問題の発生

・❻＿＿＿＿鉱毒事件…❻から大量の鉱毒が渡良瀬川に流出

→衆議院議員❼＿＿＿＿が議会で銅山の操業停止要求

3 労働運動

高野房太郎　1886年に渡米してアメリカの労働運動を学ぶ。

ストライキ　労働をおこなわないという争議行為。

①労働組合運動の展開

・高野房太郎や片山潜らが労働者の団結を呼びかけ，❽＿＿＿＿を結成(1897年)→労働者が労働組合を結成し資本家に立ち向かう

②政府の動向

・❾＿＿＿＿制定(1900年)…団結権やストライキ権の制限

・❿＿＿＿＿制定(1911年)…12歳未満の就業禁止や❸・年少者の深夜業禁止，工場主の責任も明確化(ただし，小規模な工場には適用されないという問題点)

4 社会主義の誕生

⓭のヒント　幸徳秋水ら多数の社会主義者が天皇暗殺を企てたとして検挙され，12名が処刑された。

①社会主義政党の結成

・社会問題に対処しようとする社会主義運動の展開

・⓫＿＿＿＿(1901年)…安部磯雄・幸徳秋水らが結成

→日本で最初の社会主義政党　※❾によって結社禁止

・⓬＿＿＿＿(1906年)

→最初の合法的社会主義政党　※❾によって結社禁止

②社会主義運動の停滞

・⓭＿＿＿＿(1910年)…社会主義者が検挙，処刑される

→社会主義運動が「冬の時代」へ

資料から考えてみよう

問1　左の絵は明治末期の都市の貧困層のようすを描いたものである。このような地域ではどんな問題が深刻化したか答えよう。

問2　なぜ左の絵のような貧困層が生じたのか，その原因について考えよう。

問3　右のグラフは，点線が「労働争議発生件数」を，実線が「労働争議参加人数」の推移を示している。このグラフについて説明した次の文章の①～③の空欄にあてはまる語句を答えよう。

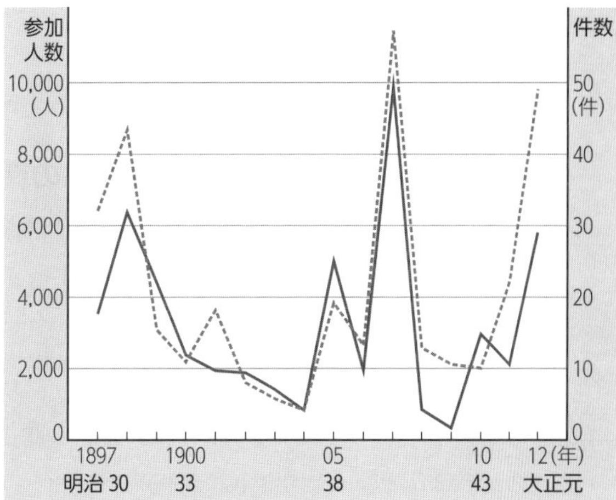

労働組合の増加にともない，組合と会社の争いである①(　　　　　　)がおこった。1900年に②(　　　　　　)が制定され労働争議参加人数は減少したが，③(　　　　　　)後の1907年の恐慌によって争議件数は増加した。

問いにチャレンジ

①労働運動の盛り上がりを，政府はどのように受け止めていたのだろう。

治安警察法と工場法に着目して考えよう。

②明治時代の近代化の問題点をあげてみよう。

農村の変化と工業化の進展という視点から考えよう。

クイズQ 幸徳秋水は何という新聞の記者だったか？　①万朝報　②日本　③国民新聞

60

8 近代的な教育制度が整備された
9 西洋の影響を受けた学問や文学が生まれた

？ 教育制度の拡充やジャーナリズムの成長は，社会に何をもたらしたのだろうか。

❷のヒント　教育の指導原理を示す勅語。天皇制の強化を目的に公布。

平民的欧化主義　鹿鳴館に代表される貴族的で表面的な欧化主義を排して，平民による近代化を達成しようとする思想。

？ 西洋の文物は，明治時代の人々にどのような影響を与えたのか。

⓯のヒント　女流作家。『たけくらべ』『にごりえ』などを発表した。

1 教育制度の整備

①義務教育の拡大

- ❶＿＿＿＿公布(1886年)…国家主義的な教育の方針
- 「教育ニ関スル勅語」(❷＿＿＿＿)(1890年)…忠君愛国を強調
  →❸＿＿＿＿制定(1903年)

②高等教育の発達

- 官立…❹＿＿＿＿に加え，各地で帝国大学が設立
- 私学…❺＿＿＿＿の慶応義塾，新島襄の同志社英学校(現同志社大学)，❻＿＿＿＿の東京専門学校(現早稲田大学)など

2 ジャーナリズムの発達

- ❼＿＿＿＿…政治評論，国際問題，身近な事件，芸能の記事を掲載

3 雑誌と政治思想

①近代思想の流行

- ❽＿＿＿＿…民友社を設立し，雑誌『❾＿＿＿＿』を創刊→政府の表面的な欧化政策を批判する平民的欧化主義(平民主義)を主張

②国家主義思想への転向

- ❽は❿＿＿＿＿に考え方を改める
- ⓫＿＿＿＿…雑誌『太陽』で日本主義を唱える

4 明治時代の学問

- 医学…⓬＿＿＿＿，志賀潔
- 物理学…⓭＿＿＿＿
- 法律学や経済学が積極的に学ばれ，それらの基礎となる西洋哲学へ関心

5 明治時代の文学

①写実主義(言文一致体による表現)

- ⓮＿＿＿＿…西洋の文学理論の影響を受けた『小説神髄』を発表

②ロマン主義(日清戦争前後に台頭，感情や個性に焦点を当てる)

- ⓯＿＿＿＿…雑誌『文学界』に小説を発表

③⓰＿＿＿＿(日露戦争前後に台頭，フランスやロシア文学の影響を受け，人や社会の現実をありのままに表現)

- ⓱＿＿＿＿…『破戒』，田山花袋…『蒲団』など
  ↔⓰＿＿＿＿に対抗する立場…森鷗外・夏目漱石らの作品

6 明治時代のくらし

- 鉄道の運行，徴兵による軍隊生活…時間感覚が厳格，規則正しい生活習慣

資料から考えてみよう

問1　右のグラフは，義務教育就学率の推移を示している。このグラフについて説明した次の文章の①～③の空欄にあてはまる語句を答えよう。

①(　　　　　　　)が出された1886年頃は，女子の就学率は男子に比べ②(　　　　　　)程度であったが，義務教育が③(　　　　)年に延長された明治末期には98%をこえた。

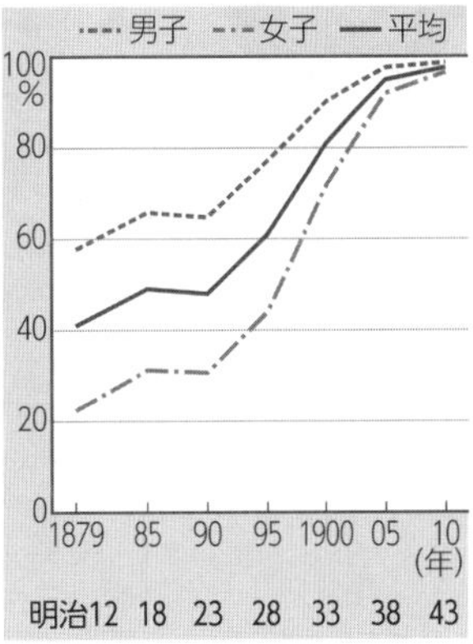

問2　右のグラフで，男子に比べ女子の就学率が低かった理由を考えよう。

問3　左の写真の人物は，原子の構造に関して独自のモデルを提唱した東京帝国大学の教授である。この人物の名前を答えよう。

(　　　　　　　　　　)

問4　左の写真の人物と同じく東京帝国大学で教鞭をとった人物は誰か，ア～エから選び，記号で答えよう。　(　　　)

ア．森鷗外　　イ．夏目漱石　　ウ．北里柴三郎　　エ．与謝野晶子

問いにチャレンジ

①学校制度が拡充し就学率が高まることは，社会にどのような影響を与えただろうか。

ジャーナリズムの発達，雑誌に着目して考えよう。

②明治時代の文学は，どのような流れで発展していったのだろうか。

写実主義→ロマン主義→自然主義の流れで説明してみよう。

61　1 民衆が政治を動かしはじめた

? 民衆は政治にどのようにかかわっていったのだろうか。

1 大正政変

・第2次西園寺公望内閣が総辞職に追いこまれ，第3次❶＿＿＿＿内閣が発足

・陸軍，藩閥の横暴だと反発…❷＿＿＿＿開始

→「憲政擁護」「閥族打破」をスローガンに，❸＿＿＿＿(立憲政友会)・犬養毅(❹＿＿＿＿)が活躍

・議会で❸は衆議院で内閣不信任の演説(1912年2月)

→❶内閣は議会を停止

→帝国議会議事堂や日比谷公園周辺に集まり内閣退陣を求める人々は，政府系の新聞社を襲い各所の交番や電車を焼打ち

・❶は❺＿＿＿＿を結成し対抗しようとするが，第3次❶内閣は成立から50日あまりで退陣(❻＿＿＿＿)

❺のヒント　1913年に❶が創設を宣言。❶の死後，1913年12月に結党する。

2 改変後の政治

①第1次❼＿＿＿＿内閣(1913～14年)

・立憲政友会の支持を得て内閣を組閣

・❽＿＿＿＿の現役規定を削除するなど改革を進める

→海軍高官の汚職事件である❾＿＿＿＿発生のため退陣

❽のヒント　陸軍・海軍大臣は現役の大将・中将に限るとした制度。

②第2次❿＿＿＿＿内閣(1914～16年)

・反藩閥を唱え，民衆政治家として国民から人気を集める

③寺内正毅内閣(1916～18年)

・長州藩出身，陸軍大将

・⓫＿＿＿＿…❺を中心として発足

→立憲政友会に並ぶ勢力となる

3 大正デモクラシーの思想

①民主主義的・自由主義的風潮

・⓬＿＿＿＿…東京帝国大学教授(憲法学)

→国家は統治権を有する団体であり，天皇は国家の最高機関として憲法にしたがって統治をおこなうという⓭＿＿＿＿を唱える

・⓮＿＿＿＿…東京帝国大学教授(政治学)

→政治は民衆の利益と幸福を実現するためにあり，政策決定は民意にもとづく必要があるという⓯＿＿＿＿思想を展開する

※いずれも⓰＿＿＿＿の立場にたつものではないが，民衆の政治参加や社会運動に大きな影響を与える

資料から考えてみよう

問1　右の写真は1913年２月に帝国議会議事堂の前に集まった人々を撮影したものである。この時，帝国議会で内閣不信任の演説をおこなっていた人物は誰か答えよう。　（　　　　　　　　　　）

問2　問１の人物が所属していた政党はどこか答えよう。（　　　　　　　　　　）

問3　上の写真に集まった人々は何を要求しているのか二つ答えよう。

（　　　　　　　　　　）（　　　　　　　　　　）

問4　左の史料中の空欄Ａ・Ｂには，「民主主義」か「民本主義」の用語が入る。正しい用語を記入しよう。

（Ａ：　　　　　　　　）（Ｂ：　　　　　　　　）

問5　「民主主義」と「民本主義」の違いについて，左の史料を参考に考えよう。

史料　■吉野作造の民本主義（一九一六年）

［Ａ］といふ文字は、日本語としては極めて新らしい用例である。従来は［Ｂ］といふ語を以て普通に唱へられて居ったやうだ。……然し［Ｂ］といへば、社会民主党などゝいふ場合に於けるが如く、「国家の主権は人民にあり」といふ危険なる学説と混同され易い。……我々が視て以て憲政の根柢①と為すところのものは、政治上一般民衆を重んじ、其間に貴賤上下の別を立てず、而かも国体②の君主制たると共和制たるとを問はず、普く通用する所の主義たるが故に、［Ａ］といふ比較的新しい用語が一番適当であるかと思ふ。（「憲政の本義を説いて其有終の美を済すの途を論ず」『中央公論』）

注①根柢─土台　②国体─国の体制

問いにチャレンジ

①大正政変が実現された要因は何だと思うか，考えてみよう。

尾崎行雄と国民の行動に着目しよう。

②この時期に民衆の運動を活発化させた要因は何だと思うか。

美濃部達吉や吉野作造の思想との関連に着目しよう。

クイズ Q　現在の日比谷公園のある場所で亡くなった人物は誰か？　①毛利元就　②徳川家康　③伊達政宗

62　2 最初の世界大戦に日本も参戦した

? なぜ日本は参戦したのだろうか。

1 大戦のはじまり

・❶＿＿＿＿国(ドイツ・オーストリア・イタリア)と❷＿＿＿＿国(イギリス・フランス・ロシア)の対立→サライェヴォ事件
→1914年7月にオーストリアがセルビアに宣戦布告
→ヨーロッパのみならずアジアにも戦火が広がる(第一次世界大戦)
・全国民が軍需物資の生産に動員される❸＿＿＿＿となり長期化

❸のヒント　第一次世界大戦により生まれた新しい戦争の形態。国力のすべてを戦争に投入することを重視する考え方。

2 日本の参戦

①第一次世界大戦への参戦
・第2次大隈重信内閣…中国での権益を拡大し，国際社会での地位向上のため，❹＿＿＿＿を理由に参戦→ドイツ領の山東省の❺＿＿＿＿や赤道以北のドイツ領❻＿＿＿＿を占領
②中国への勢力拡大
・❼＿＿＿＿(1915年)→❽＿＿＿＿政権に要求…山東省のドイツ権益を日本に譲る，旅順・大連の租借期限と満鉄の営業期限の❾＿＿＿＿か年延長を要求
・❿＿＿＿＿政権に対して巨額の借款を与える
③アメリカとの交渉
・⓫＿＿＿＿(1917年)…中国における権益の調整

❿のヒント　中国の軍閥政治家。❽の後継で北京政府の実権をにぎった人物。

3 ロシア革命とシベリア出兵

①ロシア革命(1917年)
・⓬＿＿＿＿成立…世界最初の社会主義国家
→専制的な政治や戦争の継続に反対する労働者や兵士らが革命をおこす
②シベリア出兵(1918年)
・ロシア革命に干渉，シベリア東部に勢力拡大を目的

4 大戦景気と日本の工業化

①日本経済の動向
・⓭＿＿＿＿…第一次世界大戦の長期化が日本経済を好転させる
→ヨーロッパ諸国から軍需品の注文が増加，アジア・アフリカには綿糸・綿織物を輸出，⓮＿＿＿＿には生糸を輸出→債務国から債権国へ
②産業構造の変化
・海運業・造船業や鉄鋼業が飛躍的に発展→⓯＿＿＿＿が生まれる
・1919年には，工業生産額が農業生産額をこえ，アジア最大の工業国に
→賃金が物価上昇に追いつかず労働者は生活困窮

債務国・債権国　債権国とは貿易収支が黒字の国を指す。債務国とは貿易収支が赤字で外国から資金を借りなければならない国を指す。

資料から考えてみよう

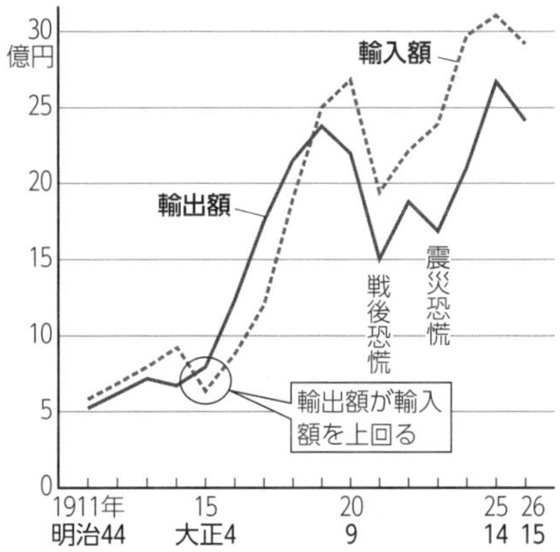

問1　左の「貿易額の推移」のグラフの輸出額が輸入額を上回ったときにおこった好景気は何か答えよう。

（　　　　　　　　　　）

問2　左の「貿易額の推移」のグラフの輸出額が輸入額を上回った期間におこった戦争は何か答えよう。

（　　　　　　　　　　）

問3　問2の期間になぜ輸出額が輸入額を上回ったのか，その理由について考えよう。

問4　問1の期間に現れた，短期間で大金持ちになった人々のことをなんとよぶか，答えよう。

（　　　　　）

問5　問4のような人々はなぜ登場してきたのか，考えよう。

問いにチャレンジ

①第一次世界大戦中の日本と諸国との関係を考えてみよう。

イギリス，中国との関係に着目して考えてみよう。

②第一次世界大戦が日本の経済構造に与えた影響を考えてみよう。

1　「債務国」「債権国」に着目して考えてみよう。

2　「工業生産額」「農業生産額」に着目して考えてみよう。

クイズQ 「成金」はもともと何に関する言葉か？　①将棋　②双六　③囲碁

63 3 新たな国際秩序がつくられた

?第一次世界大戦後，国際秩序はどのように変化したのだろうか。

1 パリ講和会議

①講和会議の開催

・1918年，ドイツの降伏で第一次世界大戦が終結

・翌年，パリ講和会議→❶＿＿＿＿＿＿調印

…日本は山東省の旧ドイツ権益を受け継ぎ，赤道以北の旧ドイツ領南洋諸島の委任統治権を得た

②❷＿＿＿＿＿＿の発足(1920年)

・軍縮，紛争の平和的解決をめざした世界初の集団安全保障機関

・日本はイギリス・フランス・イタリアとともに❸＿＿＿＿＿＿となる

・アメリカは不参加

委任統治権　第一次世界大戦後，国際連盟から委託されて，一定地域を統治する権利。

2 民族運動の高まり

民族自決の風潮

・❹＿＿＿＿＿＿(1919年)…朝鮮の京城で独立宣言が発表されたことを契機に独立運動が朝鮮全土に広がる→日本からの独立をめざす

・❺＿＿＿＿＿＿(1919年)…北京の大学生たちの抗議行動を発端として，反日運動が中国各地に広がる→❶の調印を拒否

民族自決　それぞれの民族は自らの運命を自らで決定するという考え方。

3 ワシントン体制と協調外交

①ワシントン体制

・❻＿＿＿＿＿＿開催(1921～22年)

→日本全権：駐米大使❼＿＿＿＿＿＿・海軍大臣❽＿＿＿＿＿＿

・四カ国条約(1921年)…日・米・英・仏

→❾＿＿＿＿＿＿の現状維持と❿＿＿＿＿＿＿の廃棄

・九カ国条約(1922年)…日・米・英・仏・伊・中国・ベルギー・ポルトガル・オランダ→中国の領土保全，門戸開放，⓫＿＿＿＿＿＿の維持

・山東省の旧ドイツ権益の大半を中国に返還

・⓬＿＿＿＿＿＿(1922年)…米・英・日・仏・伊

→主力艦保有量の制限(米・英⓭＿＿＿，日⓮＿＿＿，仏・伊⓯＿＿＿)

・東アジア・太平洋地域での国際秩序(ワシントン体制)の形成

②協調外交

・外務大臣❼による協調外交(⓰＿＿＿＿＿＿)

→アメリカ・イギリスの協調，対中国内政不干渉

・⓱＿＿＿＿＿＿調印(1925年)…ソ連と国交を樹立

ワシントン体制　ワシントン会議によって形成された国際秩序。日本の勢力拡大をおさえ，東アジア・太平洋地域の安定をめざした。

資料から考えてみよう

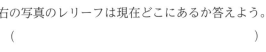

問1　右の写真は1919年３月１日に朝鮮全土に広がった独立運動を題材にしたレリーフである。この独立運動を何というか答えよう。

（　　　　　　　　　　　　）

問2　右の写真のレリーフは現在どこにあるか答えよう。

（　　　　　　　　　　　　）

問3　問１の独立運動に対して日本はどのように対応したか答えよう。

問4　左の写真の人物は外相として協調外交をすすめた。この人物の名前を答えよう。（　　　　　　　　）

問5　左の人物は1921年に軍備の縮小やヴェルサイユ条約での未解決の問題について話し合う会議に参加した。その会議は何か答えよう。

（　　　　　　　　）

問6　問５の会議の結果，アメリカ・イギリス・日本が主導する東アジア・太平洋地域での国際秩序が形成された。この体制は何か答えよう。

（　　　　　　　　）

問いにチャレンジ

①なぜ朝鮮・中国では民族運動が高まったのかを考えてみよう。

第一次世界大戦後の世界情勢との関連に着目して考えてみよう。

②第一次世界大戦前後で，日本の国際的地位はどのように変化しただろうか。

1　日清・日露戦争後の日本の国際的地位に着目して考えてみよう。

2　第一次世界大戦後の日本の外交に着目して考えてみよう。

クイズQ 国際連盟の事務局次長に就任した新渡戸稲造が著した本は何か？　①学問のすすめ　②葉隠　③武士道

64 4「普通選挙」がはじまった
5 抑圧からの解放を求めて

? 参政権はどのようにして獲得されたのだろうか。

❶のヒント 1915～18年の好景気。ヨーロッパでの交戦国が輸出できなくなったアジア市場を日本が独占したことによる。

❹のヒント 山口県出身の政治家。奇兵隊を率いて倒幕に活躍し陸軍の基礎を確立した人物。

❿のヒント 国体(天皇制)の変革，私有財産の否認を目的とする結社を禁止する法。

? 多くの社会運動がおこった原因や背景を考えてみよう。

賀川豊彦 キリスト教徒で社会主義者。著書『死線を越えて』がベストセラーとなる。

1 米騒動

・❶＿＿＿＿での米価の高騰，都市人口の増加など

・シベリア出兵をみこした地主の売り惜しみ，商人の買い占め

・❷＿＿＿＿発生(1918年)…東京・名古屋・大阪をはじめ全国へ

→❸＿＿＿＿内閣はこれを弾圧したが失敗→総辞職

2 政党内閣の成立

①原敬内閣の成立

・❹＿＿＿＿の推薦，陸軍・海軍・外務の３大臣以外は❺＿＿＿＿の党員で組閣←❺の党勢拡大を追求する利益誘導型と批判

②戦後恐慌の発生

・財政の行きづまり→汚職事件が相次ぐ→国民反発→原首相刺殺(1921年)

3 第二次護憲運動

・清浦奎吾内閣(貴族院の支持)

・❻＿＿＿＿…❺・憲政会・革新倶楽部は政党内閣実現をめざし❼＿＿＿＿を結成

→加藤高明(憲政会)・高橋是清(❺)・❽＿＿＿＿(革新倶楽部)が選挙で圧勝

4 護憲三派内閣

①第１次加藤高明内閣(1924～25年)

・❾＿＿＿＿制定(1925年)…納税額による制限廃止。25歳以上の男性に選挙権，30歳以上の男性に被選挙権

・❿＿＿＿＿制定(1925年)…日本共産党などの活動を取りしまる

②政党内閣の慣行(「⓫＿＿＿＿」)

・加藤内閣から1932年に❽内閣が倒れるまでの８年間二大政党制が続く

5 社会運動の高揚

・⓬＿＿＿＿結成(1921年，友愛会から改称)

・⓭＿＿＿＿結成(1922年)…賀川豊彦らが中心

→小作争議が活発化

・⓮＿＿＿＿結成(1922年)…部落解放運動

6 女性解放運動

・女性の地位向上のための活動

・⓯＿＿＿＿結成(1911年)…平塚らいてうら

・⓰＿＿＿＿結成(1920年)…平塚らいてう・市川房枝ら

資料から考えてみよう

問1　右の写真は，1918年に本格的な政党内閣を成立させた人物である。この人物は誰か答えよう。（　　　　　　）

問2　問1の内閣の前内閣は，ある騒ぎをおさえたが，それが原因で倒れた。富山県からはじまり全国に広がったその騒ぎを何というか，答えよう。

（　　　　　　）

問3　問2の騒動について説明した次の文章の①～④の空欄にあてはまる語句を答えよう。

> 第一次世界大戦の長期化や①(　　　　　　　　　)をみこした米の買い占めもあり，米価は②(　　　　)倍にまで跳ね上がった。③(　　　　　　　)で女性たちが④(　　　　　　)に押しかけ米の安売りを要求した動きが新聞で報道された結果，民衆が④を襲撃する事態に発展した。

史料　■水平社宣言

（前略）吾々はかならず卑屈なる言葉と怯懦①なる行為によつて、祖先を辱め、人間を冒瀆してはならぬ。そうして人の世の冷たさが、何んなに冷たいか、人間を勦はる事が何んであるかをよく知つてゐる吾々は、心から人世の熱と光を願求礼讃するものである。水平社は、かくして生れた。人の世に熱あれ、人間に光あれ。（『水平』）

注①怯懦―臆病で意志の弱いこと

問4　左の史料は何という団体の創立大会で読み上げられたものか答えよう。（　　　　　　）

問5　問4の団体は何を目的に結成されたか，史料を参考に考えてみよう。

問いにチャレンジ

①米騒動の原因は何であったか考えてみよう。

第一次世界大戦後の物価の高まりに着目して考えてみよう。

②この時期の政党政治の特色についてまとめてみよう。

「憲政の常道」に着目して考えてみよう。

③社会運動がのちの政治・社会に与えた影響について考えてみよう。

どのような活動が生まれたかに着目して考えてみよう。

クイズQ　原敬は現在の何県出身か？　①北海道　②青森県　③岩手県

65

6 新しい文化とモダンな都市が生まれた
7 学問と芸術に新風が吹く

? 文化の大衆化がすすんだ背景は何だろうか。

❸のヒント　官立の帝国大学以外に公・私立大学，単科大学の設立を認めた法令。

? この時代にはどのような文化がおこったのだろうか。

⓫のヒント　『古事記』，『日本書紀』の文献学的批判をおこない，古代史の科学的解明に貢献した。

日本美術院　1898年に岡倉天心らを中心に創立。

1 都市化の進行

・❶＿＿＿＿の著しい人口増加→❷＿＿＿＿造りの建物が増え，私鉄の拡張により郊外へ宅地が広がる

・電気・水道・ガスの普及，生活の洋風化(洋装や洋食)
→都市と農村の生活格差が広がる

2 マスメディアの発達

①教育水準の向上

・❸＿＿＿＿(1918年)…高等教育機関の充実

・中等学校への進学率の高まり，高等女学校へ進学する女性の増加
→サラリーマンや❹＿＿＿＿の増加

②マスメディアの発達

・『❺＿＿＿＿』，『大阪朝日新聞』が発行部数を伸ばす

・『改造』や『キング』などの総合雑誌や大衆娯楽雑誌が人気

・１冊１円の❻＿＿＿＿や小型で低価格な❼＿＿＿＿が登場

・❽＿＿＿＿の開始(1925年)←全国一斉に情報を伝える

3 学問の発達

①自然科学

・❾＿＿＿＿(医学)…黄熱病の研究

・本多光太郎(金属学)…KS 鋼を発明

②人文・社会科学

・❿＿＿＿＿(哲学)…西洋と東洋を融合した独自の哲学体系を構築

・⓫＿＿＿＿(歴史学)…日本古代研究で成果

・河上肇(経済学)…⓬＿＿＿＿経済学を研究

4 文学・芸術

①文学

・⓭＿＿＿＿…人道主義・理想主義を唱え個人を重視
→⓮＿＿＿＿・有島武郎・志賀直哉ら

・⓯＿＿＿＿…社会主義思想や労働者・農民の立場に立つ

②演劇

・小山内薫・土方与志らが⓰＿＿＿＿を設立，新劇の発展に寄与

③美術

・日本画の⓱＿＿＿＿らが日本美術院を再興(1914年)

資料から考えてみよう

■資料1

■資料2

問1　資料1は大衆娯楽雑誌『キング』である。これ以外で当時出版され多くの読者を獲得した総合雑誌は何か答えよう。
（　　　　　　　）

問2　資料1の雑誌が発売された時期に，1冊1円の文学全集も出版された。これを何というか答えよう。　（　　　　　　　）

問3　資料1の雑誌が発売された1925年には，全国に情報を一斉に伝えるメディアが登場した。このメディアは何か答えよう。　（　　　　　　　）

問4　資料2の本は労働運動をテーマにした作品である。この作品に代表されるような労働者や農民の現実を描いた文学を何というか答えよう。　（　　　　　　　）

問5　資料2の作者は誰か答えよう。
（　　　　　　　）

問いにチャレンジ

①大衆文化の担い手は，どのような人々だったのだろうか。

教育水準の向上との関連で考えてみよう。

②この時期の学問・芸術はどのような特色をもっていたのだろうか。

1　社会運動と学問，文学の関連で考えてみよう。

2　大衆化と芸術の関連で考えてみよう。

66 第４章　チェックポイント①

①1825年に幕府が外国船を打ち払うことを命じた法令。……………………（　　　　　）
②年貢の増収をねらい水野忠邦が出した，江戸・大坂周辺を直轄地とする法令。
………………………………………………………………………………………（　　　　　）
③1842年に幕府が①を緩和して出した法令。…………………………………（　　　　　）
④1854年，ペリーと締結した，下田・箱館の開港などを定めた条約。…（　　　　　）
⑤ハリスが自由貿易を定めた通商条約を求め，1858年に結ばれた条約。（　　　　　）
⑥外国領事による裁判権と，輸出入品にかける関税率の決定権。…………（　　　　　）
⑦井伊直弼がおこなった，幕府を批判する者たちに対する弾圧。…………（　　　　　）
⑧島津久光の行列を横切ったイギリス人を薩摩藩士が殺傷した事件。…（　　　　　）
⑨1866年に薩摩藩と長州藩の間で結ばれた同盟。……………………………（　　　　　）
⑩1867年10月に将軍徳川慶喜が政権を朝廷に返上した方策。………………（　　　　　）
⑪1867年12月に出された，幕府の廃止と天皇中心の新政府樹立の宣言。（　　　　　）
⑫1868年１月にはじまった新政府軍と旧幕府軍の戦争。……………………（　　　　　）
⑬1868年３月に明治天皇が神々に誓う形式で出された新政府の基本方針。（　　　　　）
⑭1869年に諸藩主が領地と領民を朝廷に返上した改革。……………………（　　　　　）
⑮1871年に薩長土３藩の兵士を集めて断行した，藩を廃止した改革。…（　　　　　）
⑯地券所有者に地価の３％を地租として金納させるようにした条例。…（　　　　　）
⑰禄高に応じて金禄公債証書を交付し，すべての家禄を廃止した方策。（　　　　　）
⑱1873年に定められた，満20歳以上の男性に兵役を課した法令。…………（　　　　　）
⑲富岡製糸場のように，政府が直接経営した工場。…………………………（　　　　　）
⑳『学問のすゝめ』の著者。…………………………………………………（　　　　　）
㉑⑳などの啓蒙思想家たちが1873年に結成した団体。………………………（　　　　　）
㉒武力を背景に朝鮮を開国させるという主張。………………………………（　　　　　）
㉓1873年に西郷隆盛や板垣退助らが政府を去った事件。……………………（　　　　　）
㉔1876年に日本と朝鮮との間で結ばれた不平等な条約。……………………（　　　　　）
㉕1875年にロシアとの国境を明確にするために結んだ条約。………………（　　　　　）
㉖1874年に江藤新平らが佐賀でおこした士族の反乱。………………………（　　　　　）
㉗1877年におこった，西郷隆盛を首領とする鹿児島県士族らの反乱。…（　　　　　）
㉘士族や都市の知識人たちが主導した，国民の参政権を求める運動。…（　　　　　）
㉙1880年に結成された，国会開設を要求する全国組織。……………………（　　　　　）
㉚1881年に大隈重信らが政府を追放された政変。……………………………（　　　　　）
㉛1881年に結成された，板垣退助を党首とする政党。………………………（　　　　　）
㉜徹底した歳出の削減と紙幣整理によって財政再建をめざした人物。…（　　　　　）

㉝天皇の定める憲法として1889年２月11日に発布された憲法。……………（　　　　　　　　　　　　）
㉞山県有朋などがとった政党を無視して政策をおこなおうとする態度。（　　　　　　　　　　　　）
㉟明治政府に招かれ民法を起草したフランス人の法学者。……………………（　　　　　　　　　　　　）
㊱井上馨らが建設した欧化政策の象徴となった社交場。………………………（　　　　　　　　　　　　）
㊲1891年に来日中のロシア皇太子が負傷させられた事件。……………………（　　　　　　　　　　　　）
㊳1911年に関税自主権の完全な回復に成功した外務大臣。……………………（　　　　　　　　　　　　）
㊴1894年に朝鮮でおこった農民たちによる武装蜂起。…………………………（　　　　　　　　　　　　）
㊵日清戦争の講和条約。………………………………………………………………（　　　　　　　　　　　　）
㊶㊵の条約の締結における日本の全権。……………………………………………（　　　　　　　　　　　　）
㊷ロシア・フランス・ドイツが遼東半島の返還を要求した出来事。……（　　　　　　　　　　　　）
㊸1900年に清が義和団の活動にあわせて列強に宣戦布告した戦争。……（　　　　　　　　　　　　）
㊹ロシアに対抗するために日本が1902年にイギリスと結んだ協約。……（　　　　　　　　　　　　）
㊺1905年５月にロシアのバルチック艦隊を撃破した戦い。……………………（　　　　　　　　　　　　）
㊻1905年９月に結ばれた日露戦争の講和条約。……………………………………（　　　　　　　　　　　　）
㊼1910年に結ばれた韓国を日本の植民地とする条約。…………………………（　　　　　　　　　　　　）
㊽ロシアから譲渡された長春以南の鉄道を経営するための会社。…………（　　　　　　　　　　　　）
㊾第２次山県内閣が定めた労働運動を規制するための法令。………………（　　　　　　　　　　　　）
㊿政党の影響力が軍に及ぶのを防ぐために定められた制度。………………（　　　　　　　　　　　　）
(51)大阪紡績会社を設立した人物。………………………………………………………（　　　　　　　　　　　　）
(52)1906年に軍事上・経済上の必要から民営鉄道を国有とした法令。……（　　　　　　　　　　　　）
(53)1897年に北九州に設立された官営の製鉄所。……………………………………（　　　　　　　　　　　　）
(54)日清戦争後，日本最大の石炭採掘地になった炭田。…………………………（　　　　　　　　　　　　）
(55)渡良瀬川流域の住民に深刻な被害をもたらした公害事件。………………（　　　　　　　　　　　　）
(56)安部磯雄・幸徳秋水らが設立した日本で最初の社会主義政党。…………（　　　　　　　　　　　　）
(57)1910年に社会主義者12名が処刑された事件。……………………………………（　　　　　　　　　　　　）
(58)1890年に出された忠君愛国を強調する勅書。……………………………………（　　　　　　　　　　　　）
(59)雑誌『国民之友』を創刊し政府の欧化政策を批判した人物。………………（　　　　　　　　　　　　）
(60)「憲政擁護」「閥族打破」をスローガンとする憲政擁護運動。………………（　　　　　　　　　　　　）
(61)1914年におこった軍需品の購入をめぐる海軍高官の汚職事件。…………（　　　　　　　　　　　　）
(62)天皇機関説を唱えた人物。……………………………………………………………（　　　　　　　　　　　　）
(63)1915年に日本が袁世凱が実権をにぎる中国政府に突きつけた要求。…（　　　　　　　　　　　　）
(64)1919年に朝鮮全土に広がった独立運動。…………………………………………（　　　　　　　　　　　　）
(65)1921年アメリカの提案で開かれた軍備縮小について話し合う会議。…（　　　　　　　　　　　　）
(66)1918年に米の安売りを要求する民衆が米屋を襲撃した事件。……………（　　　　　　　　　　　　）
(67)憲政会の総裁で護憲三派内閣の時の首相。………………………………………（　　　　　　　　　　　　）
(68)衆議院で多数の議席を占める政党の総裁が内閣を組織する慣行。……（　　　　　　　　　　　　）
(69)被差別部落の人々への差別撤廃をめざし結成された組織。………………（　　　　　　　　　　　　）

67 1 恐慌の嵐が吹き荒れる

? 金融恐慌や昭和恐慌は，どのようにおきただろうか。

❶のヒント　一定期間後に現金支払い(決済)を約束する証書のこと。

❽のヒント　支払い猶予令のこと。これにより時間を稼ぎ，裏白紙幣を多数準備して信用不安をしずめた。信用不安は金融界の弱点である。

⓯のヒント　日本経済の柱はアメリカへのこの商品の輸出だった。アメリカの不況により，それが激減すると，都市の労働者も農民も窮地に陥り社会不安の増加につながった。

1 金融恐慌

①金融恐慌の背景

・戦後恐慌・震災恐慌の影響による第一次世界大戦後の慢性的な不況

・企業経営の悪化→銀行に❶＿＿＿＿の支払いができず

→経営不振企業の決済不能な❶＿＿＿＿を多数持つ銀行も経営悪化

・第1次❷＿＿＿＿内閣の手形整理で銀行経営の悪化表面化

②金融恐慌のはじまり(1927年)

・❸＿＿＿＿蔵相の失言から❹＿＿＿＿がおき，多くの銀行が倒産・休業

・急速に成長した❺＿＿＿＿が倒産→❻＿＿＿＿も経営危機→しかし❷内閣は救済に失敗

③金融恐慌の終息

・立憲政友会の❼＿＿＿＿内閣は❻＿＿＿＿を救済

・❽＿＿＿＿と，日本銀行による銀行への非常貸出し

→銀行再開時に大量の紙幣を積む→信用不安の恐慌がしずまる

・恐慌後，中小銀行の整理すすむ→❾＿＿＿＿系銀行の支配力強まる

2 昭和恐慌

①昭和恐慌の背景

・立憲民政党の❿＿＿＿＿内閣の成立(1929年)

・⓫＿＿＿＿蔵相により⓬＿＿＿＿を実施(1930年)

→⓭＿＿＿＿相場での解禁だったため，輸出に不利となり不況へ

②昭和恐慌のはじまり…世界恐慌と⓬＿＿＿＿による不況が重なる

・日本商品の輸出激減と外国商品の輸入激増→大量の金が国外に流出

→深刻な恐慌にみまわれる

・⓮＿＿＿＿蔵相の就任→金輸出を再禁止し恐慌を脱出

3 社会不安の激化

①昭和恐慌の内容

・アメリカの不況による⓯＿＿＿＿の対米輸出後退，物価急落

・企業の倒産，大量の失業者→農村で⓯＿＿＿＿の価格暴落

・東北の農村で娘の身売りや弁当をもてない⓰＿＿＿＿が急増

②社会不安の増加

・都市の⓱＿＿＿＿や農村の⓲＿＿＿＿が増加

・政党や❾への不信感，⓳＿＿＿＿や労働組織は分裂をくりかえす

資料から考えてみよう

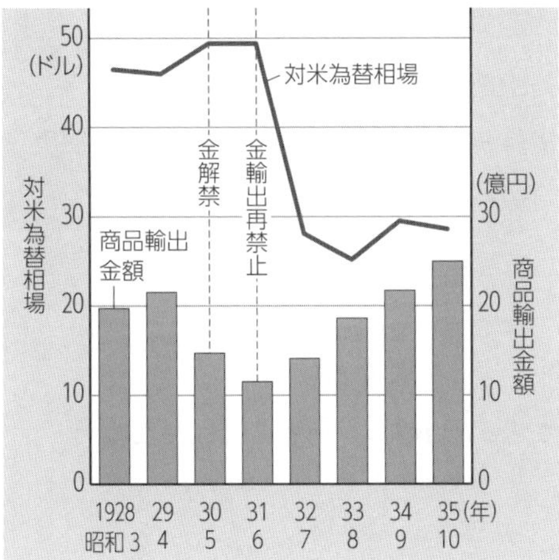

問1　左の写真はある場所の1929年10月24日のようすを写したものである。その場所とはどこか。また，どんなようすを示しているかを答えよう。

(場所：　　　　　　　　　　　　　　　)

(ようす：　　　　　　　　　　　　　　)

問2　左の写真の翌年，日本ではどのような目的でどのような経済政策がおこなわれ，その後どのような経済状況を生んだのかを説明しよう。

問3　左のグラフは1930年前後の対米為替相場と日本の輸出金額の変化を示している。①金輸出解禁時点，②金輸出再禁止後の対米為替相場は「円高」か「円安」かを答えよう。　(①：　　　　　)(②：　　　　　)

問4　問3の変化と日本の輸出金額の変化はどのように対応しているか，説明しよう。

問いにチャレンジ

①金融恐慌は銀行にどのような影響を与えただろうか。

金融恐慌前の戦後恐慌や震災恐慌により決済不能な手形を抱え経営が悪化した中小銀行が多かったことをふまえて考えてみよう。

②昭和恐慌は，農村や労働運動にどのような影響を与えたか。

日本経済の柱は生糸輸出であったが，アメリカの不況により生糸の対米輸出が減少し，農民や都市労働者の生活困難を生んだことをふまえて考えてみよう。

68　2 日本の外交が行きづまる

?
日本はどのように中国に対応していったのだろうか。

❶のヒント　広州から北へ進められ北京占領により完了する中国統一への戦い。軍閥は満洲など各地に残っていた。

軍閥　袁世凱死後に独自の軍隊をもち各地で勢力を争う地方の軍事指導者。支配地域に利権をもつ列強と結びついた。

❼のヒント　❶への警戒の中，立憲政友会の❺内閣が強硬外交に転換し国民革命軍と衝突した事件。

⓫のヒント　満洲軍閥の人物が北京で❶軍との戦いに敗れ引き上げる途中に爆殺された事件。関東軍の一部はこの人物を排除して満洲占領を試みた。

統帥権　兵力を動員し動かす権限。大元帥の天皇は唯一この統帥権をもつ。

1 かわりゆく中国情勢

①中国統一をめざす❶＿＿＿＿の開始(1926～28年)

・軍閥打倒へ…孫文の後継者❷＿＿＿＿の国民革命軍による

②日本の中国内政不干渉政策

・第1次❸＿＿＿＿内閣の❹＿＿＿＿外相は出兵をおこなわなかった

→軍部や政党，国家主義団体や実業家から❹の外交に非難が高まる

→第1次❸内閣は，台湾銀行救済の失敗を口実に総辞職に追いこまれる

2 強硬外交への転換

①❺＿＿＿＿内閣による中国への武力干渉

・3度の❻＿＿＿＿を実施→山東省の日本人の財産を守る口実

・❶軍と衝突(❼＿＿＿＿事件，1928年)

・欧米とは協調維持…❽＿＿＿＿に調印(パリ，1928年)

②国内での治安強化

・治安維持法を改正し最高刑を❾＿＿＿＿にする(1928年)

　→はじめての普通選挙で無産政党から8人当選し，衝撃を受けたため

・各府県に❿＿＿＿＿を設立

③満洲での謀略

・関東軍が軍閥を爆殺(⓫＿＿＿＿事件，1928年)

・❺内閣は⓫を「⓬＿＿＿＿事件」として真相を隠す

→❺内閣の処理に⓭＿＿＿＿が激怒，翌年内閣は総辞職

3 協調外交の復活

①⓮＿＿＿＿内閣が❹＿＿＿＿外相起用

・国際協調外交の復活と対中国不干渉・軍備縮小政策

・反日民族運動の高まりに対して関税自主権を認めるなど関係改善へ

②軍備の縮小…⓯＿＿＿＿へ参加

・⓰＿＿＿＿に調印(1930年)

　→⓱＿＿＿＿(巡洋艦・駆逐艦・潜水艦)の比率を対米7割に

・海軍強硬派や立憲政友会は調印を非難

　→天皇の統帥権をおかすと攻撃し，⓲＿＿＿＿がおきる→それに抗して政府は条約を成立

　→⓮首相は東京駅で狙撃され，翌年内閣総辞職

　→協調外交が行きづまる

資料 から考えてみよう

問1　右の写真は1928年にある人物の専用列車が爆破された現場である。ある人物とは誰か，また，誰が何のためにおこなったのかを説明しよう。

(人物：　　　　　　　　　　　　　　　　　　　　)

(説明：　　　　　　　　　　　　　　　　　　　　)

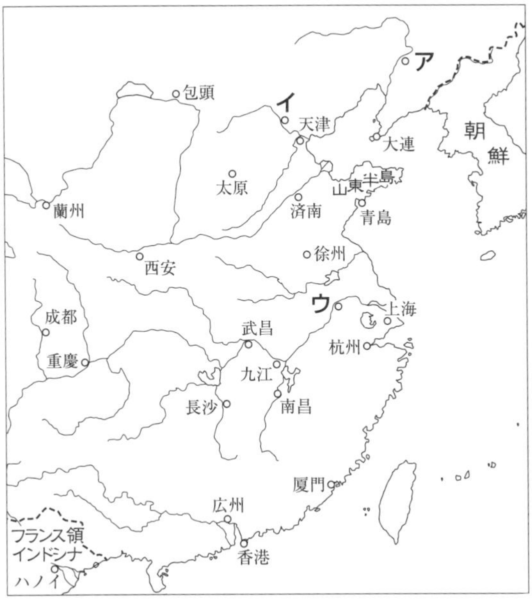

問2　問1の事件がおこった場所を左の地図のア～ウより選び，記号と地名を答えよう。

(記号：　　　　　　地名：　　　　　　)

問3　問1の事件がおこった背景には，北伐が強まっていたことがあげられる。左の地図から①1927年4月に蔣介石が北伐の最中に国民政府を打ち立てた場所と地名，②1928年6月に北伐の完了を宣言した場所と地名を答えよう。

①(記号：　　　　　　地名：　　　　　　)

②(記号：　　　　　　地名：　　　　　　)

問4　田中内閣がおこなった山東出兵で北伐軍と戦闘がおこったのはどこか，左の地図の地名で答えよう。　　　　(　　　　　　)

問いにチャレンジ

①中国統一の動きへの対応は，内閣によってどのように違うだろうか。

北伐などの中国統一の動きに不干渉の内閣なのか，武力干渉する内閣なのか，比較して考えてみよう。

(1)第1次若槻礼次郎内閣：

(2)　田中義一　内閣：

(3)　浜口雄幸　内閣：

②協調外交はなぜ行きづまったのだろうか。

協調外交や軍備縮小政策を政党や軍部が批判したことをふまえて考えてみよう。

69　3 軍部の暴走がはじまった

? 満洲国の建国は日本にどのような影響を与えることになったのだろうか。

❷のヒント　❶の武力占領の動きにまずマスコミが同調し，世論全体もそれを支持した。そのスローガンが❷である。

❻のヒント　❻は清の最後の宣統帝が入る。しかし実権は❶司令官がにぎっていた。

❿のヒント　その報告書では❹事件以来の日本軍の行動を自衛のための行動とは認めなかった。

1 満洲事変

①満蒙武力占領の動き

・❶＿＿＿＿が満洲の権益を守るため「満蒙」武力占領へ

・「❷＿＿＿＿」の声，新聞や政党，財閥も同調

②満洲事変の勃発（1931年9月）

・❸＿＿＿＿郊外の南満洲鉄道の線路を❶が爆破

→中国軍のしわざとして攻撃（❹＿＿＿＿事件）

・第2次若槻礼次郎内閣は不拡大の方針を発表

→❶はこれを無視して戦線拡大→❺＿＿＿＿の開始

2 満洲国の成立

①❶による満洲の独立

・1932年，清最後の皇帝❻＿＿＿＿を執政に❼＿＿＿＿を建国

→斎藤実内閣は❽＿＿＿＿を結び❼を承認

・中国は日本の行動を❾＿＿＿＿に訴え

→❾は❿＿＿＿＿を派遣

②国際的な孤立

・1933年，❾臨時総会で日本軍撤退を求める対日勧告案可決

→日本は拒否，❾＿＿＿＿を脱退し，国際的に孤立

3 軍部の台頭

①直接行動の活発化

・血盟団による暗殺の動き（1932年）

→⓫＿＿＿＿（前蔵相）と⓬＿＿＿＿（三井理事長）

・海軍青年将校の動き（1932年）

→⓭＿＿＿＿首相の射殺（⓮＿＿＿＿事件）

→護憲三派以来8年間続いた⓯＿＿＿＿が終わる

②陸軍内部の対立…国家改造の方法の違い

・⓰＿＿＿＿派（天皇親政）対⓱＿＿＿＿派（総力戦体制）

③二・二六事件と陸軍⓱派の動き（1936年）

・⓰派青年将校らのクーデタ…首相官邸など襲撃

→斎藤実内大臣や高橋是清蔵相ら殺害（⓲＿＿＿＿事件）

・⓱派の実権把握…広田弘毅内閣で人事に干渉

→⓳＿＿＿＿を復活（1936年）→政局を支配

資料から考えてみよう

問1　右の写真は1932年のリットン調査団の調査現場である。どこを調べているのか，また，誰のどんな訴えに応じた調査なのかを答えよう。

（調査場所：　　　　　　　　　　　　　　　　　　）

（訴え：　　　　　　　　　　　　　　　　　　　　　　　　　　　　　　　　　　　　　　　）

問2　この調査の結果を受け，1933年の国際連盟臨時総会での対日勧告案はどのような内容であったか。

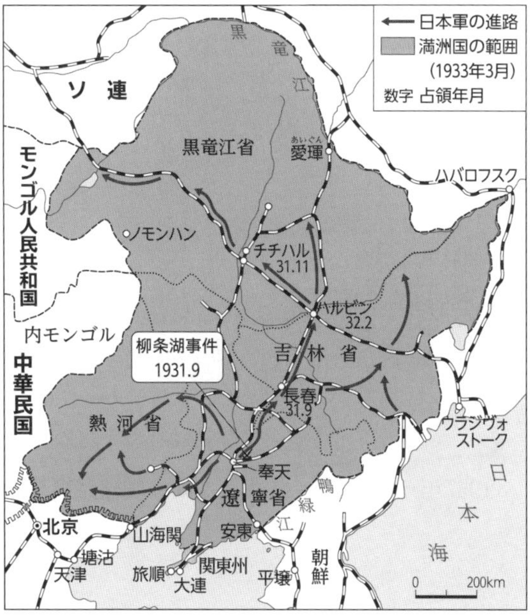

問3　問１の事件をおこした関東軍は日露戦争後にある租借地におかれた部隊である。その租借地の名称を左の地図中から探してみよう。

（　　　　　　　　）

問4　満洲国の防衛を目的として14歳から16歳の少年たちが武装移民として満洲に渡った。この少年たちを何というか答えよう。

（　　　　　　　　　　　　　　　　　　　　　　）

問いにチャレンジ

①満洲は日本にとってどのような存在だったのだろうか。

下の文章の空欄に当てはまるものを入れてみよう。

⑴日清戦争後：日本が清から獲得したＡ（　　　　　　　　　　）（満洲の一部）をＢ（　　　　　　　　　　）により返還

→Ｃ（　　　　　　　　）が清から租借の権利を得て要塞化

⑵日露戦争後：日本が長春以南のＤ（　　　　　）や付属地・炭鉱等の権利を獲得

②日本はどのように国際的に孤立していったのだろうか。

国際連盟の常任理事国であった日本は国際連盟に対してどういう行動をとったのか，考えてみよう。

クイズQ　二・二六事件で部隊に参加していた，のちに人間国宝の落語家となったのは誰？
①柳家小さん　②桂米朝　③柳家小三治

70 4 中国との長い戦いがはじまった

? 日中戦争はなぜはじまったのだろうか。

1 三国防共協定の成立

①ファシズムの潮流

・イタリア：ファシスト党の❶＿＿＿＿が政権にぎる

・ドイツ：ナチ党の❷＿＿＿＿が政権奪取

②日独伊の接近

・日独の接近→1936年，❸＿＿＿＿成立

・日独伊の接近→1937年，❹＿＿＿＿成立

❹のヒント　国際的に孤立していた日本とイタリア・ドイツが反共産主義で結びついた。

2 抗日民族統一戦線

①満洲事変の終結

・❺＿＿＿＿で停戦協定成立（1933年５月）

→しかし，その後も関東軍は華北侵略をすすめる

②抗日民族統一戦線の実現

・中国国民政府と❻＿＿＿＿の内戦継続

→張学良が蔣介石を監禁した❼＿＿＿＿（1936年）をきっかけに，

❽＿＿＿＿（1937年）にもとづく抗日民族統一戦線が実現

3 日中戦争のはじまり

①中国との戦争の全面化

・1937年７月，❾＿＿＿＿郊外で武力衝突（❿＿＿＿＿事件）

→現地で停戦協定成立→第１次⓫＿＿＿＿内閣は軍隊派遣決定

→宣戦布告なく全面的な⓬＿＿＿＿へと発展

⓫のヒント　❿事件のあと，現地の停戦を無視してこの内閣は華北派兵を決定した。

②戦争の長期化

・1937年，日本は上海と首都⓭＿＿＿＿を占領

・中国国民政府，奥地の⓮＿＿＿＿に移動し徹底抗戦を続ける

→アメリカ・イギリス・ソ連などが⓯＿＿＿＿を通じて援助

・1938年，⓫内閣は「国民政府を対手とせず」と声明→長期化→1940年，⓭に⓰＿＿＿＿首班の新国民政府→支持されず

4 長引く日中戦争

・⓭占領の際，多数の中国人を殺害（⓭事件）

→のちに⓱＿＿＿＿で日本の責任が追及される

・❻軍が華北でゲリラ戦，大規模な攻勢→解放区を拡大

→日本軍は抗日根拠地・農村に攻撃を加え，中国側に多大な損害を与える

→関東軍により開発された⓲＿＿＿＿（生物兵器）や，⓳＿＿＿＿（化学兵器）も使用

p.141クイズの答え　①

資料から考えてみよう

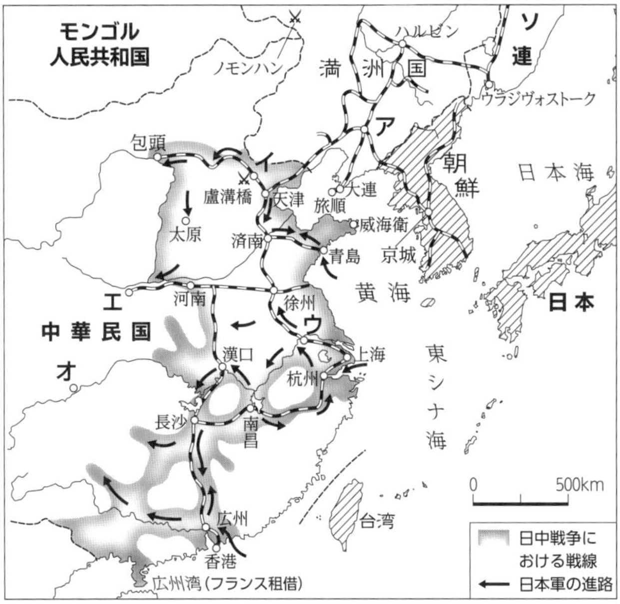

問1　1937年7月に日中両軍が衝突した盧溝橋がある都市の名称と，左の地図からその位置を記号で答えよう。

（位置：　　　　　地名：　　　　　）

問2　1937年12月に日本軍が占領した国民政府の首都の名称と，左の地図からその位置を記号で答えよう。

（位置：　　　　　地名：　　　　　）

問3　英米などから物資援助を受けて抗戦する国民政府に日本の近衛内閣はどのように声明したのか，答えよう。

（　　　　　　　　　　　　　　　　）

問4　1937年12月の日本軍の首都占領前に国民政府は首都を奥地に移した。その都市の名称と，上の地図からその位置を記号で答えよう。　（位置：　　　　　地名：　　　　　）

問5　中国国内では国民政府と中国共産党との内戦が続いていたが，1936年に張学良がある都市で蔣介石を監禁して内戦停止と抗日を認めさせた。この都市の名称と，上の地図からその位置を記号で答えよう。　（位置：　　　　　地名：　　　　　）

問6　問5の後，中国国内でどんな変化がおきたのか，説明しよう。

問いにチャレンジ

①日本はドイツ・イタリアとどのような関係をもったのだろうか。

この時期に結ばれた協定を確認しよう。

(1)　1936年：(　　　　　　　　　　　　　　　)成立　…日本とドイツの接近

(2)　1937年：(　　　　　　　　　　　　　　　　　　　)成立　…日本とドイツ・イタリアの接近

②日中戦争はなぜ長引いたのだろうか。

長期化の要因として，当時の内閣の姿勢と，中国がどのように対応したかを考えてみよう。

クイズ Q 1937年の日中戦争勃発後に「別れのブルース」がヒットした歌手は？　①佐藤千夜子　②淡谷のり子　③美空ひばり

71　5 戦争協力体制が強まった

? 日中戦争で国民生活はどうなったのだろうか。

1 思想言論への統制

・文化・思想統制の強化…満洲事変以後，戦争をおこなう体制の準備
・1933年，京都帝国大学教授❶＿＿＿＿が，彼の刑法学説が危険思想であるとして休職処分（❷＿＿＿＿事件）
・1935年，貴族院議員❸＿＿＿＿の❹＿＿＿＿が国体に反するとされ，❸が議員辞職に追いこまれた（❹事件）
・1937年，文部省は「国体の本義」で，日本は神＝天皇の治める国であることを強調した
・1937年，東京帝国大学教授❺＿＿＿＿は反戦思想を説いたとして辞職に
・1937年から翌年にかけて，治安維持法違反で大内兵衛など経済学者が逮捕される（❻＿＿＿＿事件）
・1940年，歴史学者の❼＿＿＿＿の『古事記』『日本書紀』に関する研究書が発禁処分となった

2 国家総動員体制

・日中戦争長期化→国家の総力を戦争に集中させる体制が必要に
・1937年，第１次近衛内閣が❽＿＿＿＿を展開
・軍事上必要な物資を生産する産業には，資金や輸入資材を優先的に割りあて
・1938年，❾＿＿＿＿を制定
→議会の承認なく勅令で労働力や物資の統制活用が可能に
・1939年，❾にもとづき❿＿＿＿＿や⓫＿＿＿＿を公布→国民を強制的に軍需産業に動員

3 大政翼賛会

・1939年，⓬＿＿＿＿の開始
・1940年，近衛はナチ党を模範とする⓭＿＿＿＿をはじめる
→一国一党的な政治体制に向け，⓮＿＿＿＿結成
→この下部組織として⓯＿＿＿＿や⓰＿＿＿＿がつくられる
→全国民を国の政策に協力させる
・労働組合や労働団体は解散→職場ごとに産業報国会を組織
→1940年，⓱＿＿＿＿となり，戦争協力へ
・1941年，小学校は⓲＿＿＿＿へ改称
→国家の総力をあげて戦争を遂行する体制の確立へ

❹のヒント　❸の説は主権は「法人としての国家」にあり，天皇は「国家の最高機関」として権力を行使する（国家法人説）という憲法解釈をいう。政府はこの説を否定して「国体明徴声明」を出し，統治権の主体として天皇を位置づけた。日本は神である天皇が治める国という「国体」を明確にした。

❾のヒント　政府は戦争熱の高まりの中で❽を展開し，議会の反対を押えてこの法律を成立させた。とくにこの法律をもとに❿が公布されると，軍需産業に国民を動員できるようになった。

⓮のヒント　日本でもイタリアやドイツと同様に一国一党的な政治体制がめざされた。この体制をファシズムとよぶ。これはイタリア語で「結束」を意味する「ファッショ」を由来とする。⓮では全政党を解散して一国一党的なものをめざす組織の名称が入る。

資料から考えてみよう

問1　右の写真は1940年に国民精神総動員本部が設置した看板である。「ぜいたくは出来ない筈だ！」と書かれているが，国民がなぜ「ぜいたく」をやめて節約しなければいけないのか，説明しよう。

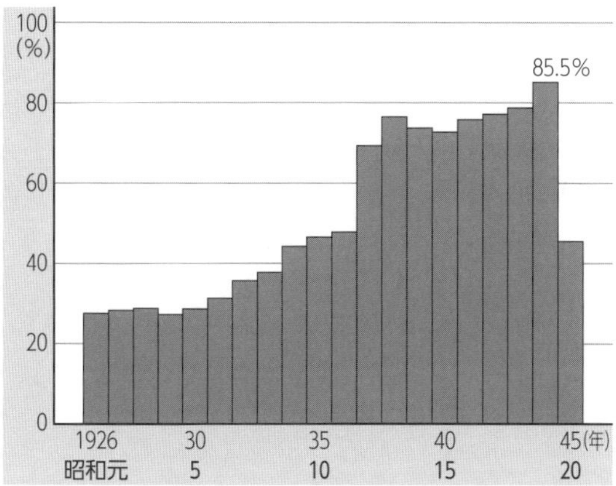

問2　左のグラフは昭和前期の国家予算に占める軍事費の割合を示している。問1の看板を設置した1940年の軍事費の割合はおよそ何％か。

約(　　　　)％

問3　左のグラフが示す昭和前期の軍事費の割合はどのように変化しているか，説明しよう。

問4　1936～37年にかけて，グラフが大きく変化している要因は日中戦争の開始ともう一つは何が考えられるか。　(　　　　　　　　)

問いにチャレンジ

①戦争の進展とともに思想や文化への統制はどのようになっていったのだろうか。

下の文章の空欄に当てはまるものを入れてみよう。

1931年のA(　　　　　　)以降に言論統制が強化され，1933年には京大教授が休職処分となるB(　　　　　　)，1935年には美濃部達吉の説が国体に反するというC(　　　　　　)がおこった。その後，文部省が発行した「D(　　　　　　)」では，国家の正統思想を解説し，戦争に反対する自由主義や個人主義が弾圧された。また，1937年の日中戦争開始以降には，同年のE(　　　　　　)や1938年の国家総動員法成立など，戦争協力を国民に促す思想が広まった。

②国家の総力を戦争に集中させるために，どのような体制が整えられたのだろうか。

どの国のどんな体制がモデルにされたのかを考えてみよう。

クイズQ　近衛首相が次女の結婚式前日パーティーで仮装した人物とは？　①チャップリン　②ヒトラー　③李香蘭

6 アメリカとの戦いがはじまった

?なぜ日本はアメリカと戦争をおこなうことになったのだろうか。

1 日独伊三国軍事同盟

①第二次世界大戦の開始

・1939年5月，❶＿＿＿＿事件…ソ満国境で関東軍はソ連・モンゴル連合軍に大敗

・1939年8月，ドイツはソ連と❷＿＿＿＿を結ぶ

・1939年9月，ドイツは❸＿＿＿＿に侵攻

→イギリス・フランスがドイツに宣戦布告→第二次世界大戦開始

②日独の提携と東南アジア進出

・日本は❹＿＿＿＿ルートの切断と❺＿＿＿＿・ゴム・ボーキサイトなどの資源獲得を目的に1940年，❻＿＿＿＿に進駐

・1940年，日本はドイツ・イタリアと❼＿＿＿＿締結→日米関係の急速な悪化

❼のヒント　日本の南進とファシズム陣営参加が日米関係を決定的に悪化させた。

2 日米交渉

①日米関係の打開

・1941年4月から第2次近衛内閣は❽＿＿＿＿を開始

→日本側：❾＿＿＿＿駐米大使

アメリカ側：❿＿＿＿＿国務長官

・1941年4月，日本はソ連と⓫＿＿＿＿締結

→北方の脅威を除き対米交渉を有利にすすめるため

→1941年6月，ドイツがソ連に侵攻すると日本は大軍を満洲に集めて攻撃機会をうかがう。これを⓬＿＿＿＿と称した

②日米関係の悪化

・1941年7月，日本は⓭＿＿＿＿(仏領インドシナ南部)に進駐

→アメリカは❺の対日輸出を全面禁止へ

・⓮＿＿＿＿内閣成立後，1941年11月下旬，アメリカは非妥協的な最終案である⓯＿＿＿＿を日本に提示

→❽は破局へ

⓯のヒント　この最終案はアジアの状態を満洲事変以前の状態に戻すことで，妥協は困難だった。

3 太平洋戦争のはじまり

・1941年⓰＿＿＿＿(日本時間)，太平洋戦争開始

→日本軍が⓱＿＿＿＿半島に奇襲上陸

→同日ハワイの⓲＿＿＿＿を奇襲攻撃

→以後，東南アジアや南太平洋一帯に戦線拡大，英領香港・シンガポール，米領グアム・ルソン島など占領，開戦半年で主導権をにぎる

奇襲　ハワイでは交渉打切りを伝える「対米覚書」の電文手交が遅れ，無警告の奇襲攻撃はだまし討ちの汚名を着た。アメリカ国内では Remember Pearl Harbor の声が高まった。

p.145クイズの答え　②

資料から考えてみよう

問1　左の写真は，1939年に関東軍が満洲国とモンゴルとの国境でソ連軍と衝突し多数の犠牲者を出した事件の一場面である。この事件は名称は何か，また，この戦闘の最中にソ連とドイツはある条約を結んだが，それは何か。

(事件：　　　　　　　　　　　　　　　　　)

(条約：　　　　　　　　　　　　　　　　　)

問2　問1の事件のあと，日本はドイツとの提携をすすめ東南アジアへ進出する。その目的は何か，答えよう。　(　　　　　　　　　　　　　　　　　)

問3　1940年に東南アジアの北部仏印に軍隊を進めた日本は，直後にドイツ・イタリアと連携して日独伊三国軍事同盟を結ぶ。この条約は日本とある国との関係を急速に悪化させたが，それはどこか答えよう。　(　　　　　　)

問4　1941年4月から，日本は問3の国との関係を打開する交渉を開始した。その過程で日本はどのような行動をとり，両国関係はどう変化していくのか，説明しよう。

問いにチャレンジ

①日本は，なぜドイツと同盟を結んだのだろうか。

ドイツがヨーロッパでどのような行動をとり，どのような結果を得ていたかを考えてみよう。

②日米交渉はなぜ破局したのだろうか。

下の文章の空欄にあてはまるものを入れてみよう。

日米交渉は1941年4月からおこなわれたが妥結はできなかった。11月に日米間で妥協案が成立しかかったが，中国のA(　　　　　　)やイギリスのチャーチルが反対し，アメリカは最終案としてB(　　　　　　　　　)を日本に提示した。これは，アジアの状態をC(　　　　　)以前の状態に戻すことなどの要求で，日本にとっては受け入れられるものではなく，交渉は破局した。

73　7 戦争が広がった

? 戦争の長期化により人々の生活はどのように変化しただろうか。

❶のヒント　この海戦は日本軍が多くの空母を失い，制海・制空権を失う転機となった。

❻のヒント　当初は軍事施設への昼間の高い高度からの攻撃だったが，のちに夜間の無差別空襲に変わり，市民の犠牲者を急増させた。

⓲のヒント　天皇の民とする政策。この政策は朝鮮でまずおこなわれ，のちに東南アジアの占領地へと広げられた。

1 戦局の推移

①戦局の主導権：開戦から半年で日本は西太平洋の主導権をにぎる

・1942年６月，❶＿＿＿＿で大敗→戦局の転機

・1943年２月，ソロモン諸島最大の島❷＿＿＿＿島をめぐる攻防戦で撤退→主導権失う

・1944年６月，❸＿＿＿＿海戦で敗北→組織的に戦う力を失う

・1944年７月，❹＿＿＿＿島占領

→❺＿＿＿＿内閣総辞職

→11月からＢ29爆撃機による❻＿＿＿＿がはじまる

2 戦時下の国民生活

①兵力不足・労働力不足の深刻化

・1943年，❼＿＿＿＿や❽＿＿＿＿の引き下げ

→兵力不足を補う

・1944年，中等学校以上の学生・生徒の❾＿＿＿＿や25歳未満の女性を❿＿＿＿＿として動員

・1945年，本土決戦に備え，国民学校初等科を除く全学校で授業停止

②生活の変化

・軍需産業優先→生活に必要な物資は⓫＿＿＿＿や⓬＿＿＿＿となる

・1944年以降，❻が激化→児童たちの⓭＿＿＿＿の実施

3 大東亜共栄圏

①戦争の目的

・欧米植民地支配からのアジア諸民族の解放と共存共栄の秩序(⓮＿＿＿＿)建設のためと強調

→実際は⓯＿＿＿＿・ゴムなど必要な資源を獲得し過酷な労働を強制

→占領地住民への残虐行為

→民衆は⓰＿＿＿＿を展開

②戦争協力の確保

・1943年11月，❺内閣は⓱＿＿＿＿を開催，結束誇示

4 皇民化政策

・徹底して日本に同化させる⓲＿＿＿＿を実施

・日本語使用や神社参拝を強制，⓳＿＿＿＿により日本式氏名に

・戦争長期化による労働力不足→朝鮮人により日本国内の労働力を補う

資料から考えてみよう

■資料1

■資料2

問1　資料1は1942年8月から翌年2月にかけて日米が激しく戦い，「地獄の戦場」といわれた島である。この島の名前を答えよう。　（　　　　　　　）

問2　日中戦争以降の日本軍の戦没者数約230万人のうち，餓死者数は何％と推測されるか，ア～エから選び，記号で答えよう。　（　　　）

ア．約61％　　イ．約51％　　ウ．約41％　　エ．約31％

問3　資料2は戦時下の工場の女性たちのようすである。なぜ女性たちが工場で働いているのか，説明しよう。

問4　資料2の頃の女性たちには，勤労動員のほかにどのような役割が求められたのか，答えよう。

問いにチャレンジ

①太平洋戦争が国民生活に与えた影響について考えてみよう。

兵力や労働力の不足，物資の不足からどのような生活になったのかを考えてみよう。

兵力不足：

労働力不足：

物資不足：

②太平洋戦争は，アジア・太平洋の人々にどのような影響を与えただろうか。

日本がアジア・太平洋の人々にうたった目的と，現実について考えてみよう。

クイズQ　「生き残る」ことが許されない，自らの戦場体験を克明に描いた漫画『総員玉砕せよ！』の作者は誰？
①水木しげる　②円谷英二　③手塚治虫

74 8 戦争が終わった

？ 太平洋戦争はどのように終わったのだろうか。

1 ドイツの降伏

・1943年２月，❶＿＿＿＿の戦いでドイツ軍が大敗

・1943年９月，❷＿＿＿＿が降伏

・1944年６月，連合軍がフランスの❸＿＿＿＿に上陸→８月にはパリを解放

・1945年５月，❹＿＿＿＿が無条件降伏

2 連合国の動向

・1943年末，アメリカ・イギリス・中国の首脳が❺＿＿＿＿宣言
→日本の植民地を独立または返還へ

・1945年２月，アメリカ・イギリス・ソ連首脳は❻＿＿＿＿で会談
→ドイツの戦後処理とソ連の❼＿＿＿＿を決定

・1945年７月，ベルリン郊外の❽＿＿＿＿でアメリカ・イギリス・中国の名で❽＿＿＿＿宣言を発表
→日本の無条件降伏と戦後処理方針を勧告

❼のヒント　この参戦によりソ連の南樺太と千島領有が秘密裡に認められていた。

3 日本の敗戦

①都市空襲

・1945年３月，アメリカ軍による首都の大空襲（❾＿＿＿＿）

・1945年４月，❿＿＿＿＿上陸→日本軍は一般住民を地上戦に動員
→男子生徒は「⓫＿＿＿＿」「通信隊」，女子生徒は「⓬＿＿＿＿」など看護要員に動員→多くの犠牲者→６月，沖縄占領

❾のヒント　10日未明にＢ29が焼夷弾による無差別じゅうたん爆撃をおこなった空襲。死者約10万人。日本の主な都市は木造建築が多く焼夷弾の空襲で焼け野原になった。

②原爆投下

・1945年，アメリカは８月６日に⓭＿＿＿＿に，９日には⓮＿＿＿＿に，人類初の核兵器である⓯＿＿＿＿を投下
→強烈な熱線，爆風により人や建物を破壊，放射線被害の後遺症も発症。
1945年だけで，広島約14万人，長崎約７万人が死亡

③太平洋戦争の終結

・1945年８月８日，ソ連が⓰＿＿＿＿を無視して参戦
→９日には満洲・朝鮮に攻め込む→満洲の関東軍は民間人を置き去り
→「⓱＿＿＿＿」を生む
→ソ連軍捕虜となった日本人は⓲＿＿＿＿収容所に抑留

・1945年８月14日，軍部の反対あるも❽宣言受諾を決定
→翌15日正午，天皇の⓳＿＿＿＿で降伏を知らせる

・1945年９月２日，戦艦ミズーリ号上で日本の降伏文書調印→太平洋戦争終結

資料から考えてみよう

問1　左の写真は1945年3月10日未明，アメリカの爆撃機B29により焼夷弾が多数落とされた東京のようすを示している。この空襲を何というか，答えよう。

（　　　　　　　　　　）

問2　右の写真はある軍事都市に原子爆弾が投下された後のようすである。この都市の名称を答えよう。

（　　　　　）

問3　原子爆弾は，問2の都市と長崎に投下された。二発の原子爆弾が急いで投下されたのはなぜか，考えよう。

問4　原子爆弾の特徴とその攻撃の歴史的な意味は何か，考えよう。

問いにチャレンジ

①太平洋戦争での日本の被害をまとめ，なぜ被害が大きくなったかを考えよう。

国内外の戦死者を教科書p.245で確認し，考えてみよう。

②終戦の過程で戦後の日本に残った問題は何だろう。

満洲や朝鮮・樺太南部・千島列島などの日本人について考えてみよう。

クイズQ　大阪は1945年に8回の空襲を受けたが，空襲で逃げることが禁止されていたある場所に人々の一部が誘導され救われた。その場所はどこ？
①地下鉄　②公会堂　③防空壕

75

1 日本は連合国に占領された
2 新しい国のかたちが示された

? 占領政策で日本はどのように生まれ変わったのだろうか。

1 植民地の解放

・❶＿＿＿＿により，日本の主権は本州・北海道・九州・四国と連合国の定める島々に限定

・❷＿＿＿＿は北緯38度線を境に北部はソ連，南部はアメリカが占領，南樺太はソ連が占領

2 連合国による日本占領

・1945年８月末，❸＿＿＿＿を最高司令官とする連合国軍が来日し，日本は連合国の占領下に

・最高司令官のもとに❹＿＿＿＿(GHQ)がおかれ，間接統治→沖縄や小笠原諸島はアメリカによる直接統治

3 GHQの占領政策

・GHQは治安維持法を廃止，思想・信条や政治活動の自由を保障

・幣原喜重郎首相に対して，❺＿＿＿＿を求める

・陸海軍や国家神道の解体，各界指導者の❻＿＿＿＿が断行され，A級戦犯を裁く❼＿＿＿＿(東京裁判)がはじまる

❺のヒント　女性の解放，労働組合の育成，教育の民主化，圧政的な諸制度の廃止，経済の民主化を求めるもの。

❼のヒント　A級戦犯28名に対する連合国の裁判で７人が死刑になった。この裁判の他に朝鮮人・台湾人を含むB・C級戦犯は約5700人が起訴された。

4 民主化政策の進展

・❽＿＿＿＿…15財閥の資産を凍結。❾＿＿＿＿や過度経済力集中排除法により独占行為の禁止と巨大企業の分割をすすめる

・❿＿＿＿＿…自作農が急速に増加

・労働者の権利拡大のために⓫＿＿＿＿・労働関係調整法・労働基準法が制定される

・⓬＿＿＿＿で教育理念が掲げられ，⓭＿＿＿＿で新しい学校制度がはじまるなど，教育の民主化がすすめられる

? 日本国憲法によって国のしくみはどのように変わったのだろうか。

5 新憲法の制定

・1946年１月，昭和天皇は自らの神格を否定(⓮＿＿＿＿)

・保守的な日本政府の憲法草案に対し，GHQは新憲法草案を日本政府に示す→帝国議会で審議・修正され，⓯＿＿＿＿が制定

⓯のヒント　前文と103条から構成される。1946年11月３日に公布され，1947年５月３日に施行された。

6 新憲法の内容

・新憲法の３原則：⓰＿＿＿＿，基本的人権の尊重，⓱＿＿＿＿主義

・天皇は「日本国民統合の象徴」に

・⓲＿＿＿＿が制定され，内務省は廃止

・⓳＿＿＿＿で封建的な家制度や戸主の廃止，男女平等が定められる

資料から考えてみよう

問1　右の図は戦前と戦後の教育課程について示している。次のア～ウから正しいものをすべて選び，記号で答えよう。

(　　　　　　　　　)

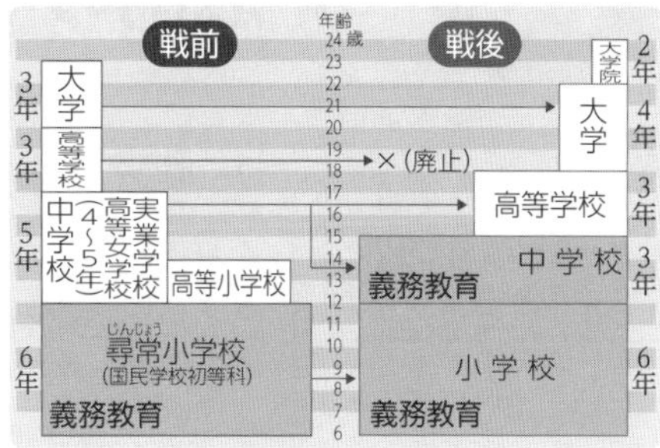

ア．戦前の高等学校で学ぶ年齢は，戦後の高等学校3年生から大学2年生までにあたる。

イ．戦前は，尋常小学校卒業後の進路が複数の学校に分かれていた。

ウ．戦前の場合，早ければ14歳で中学校を卒業できた。

問2　GHQによって禁止された教育内容について，右の墨塗りの教科書も参考にして説明しよう。

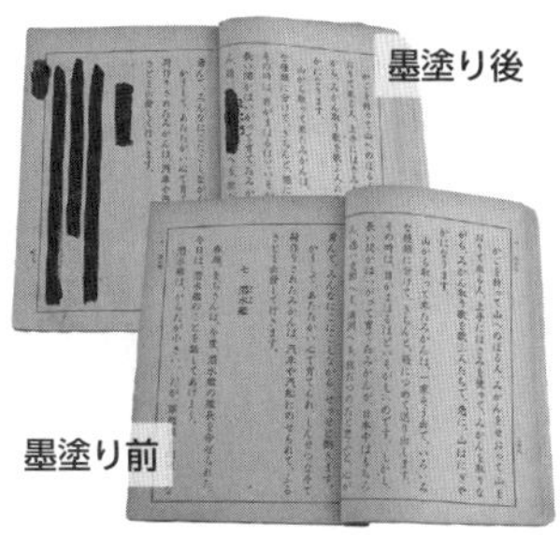

問いにチャレンジ

①敗戦によって，日本の国境線はどのように変化しただろうか。

日本の植民地や委任統治領はどうなったのかをふまえて考えてみよう。

② GHQの民主化政策によって，日本は戦前と比べてどのような点が変わっただろうか。

企業，農業，労働者，教育それぞれの変化について考えてみよう。

企業：

農業：

労働者：

教育：

③戦前と戦後の憲法の違いは何だろうか。

大日本帝国憲法(教科書 p.188)も参考に，主権・天皇・軍隊・人々の権利について比較してみよう。

76　3 混乱のなかで人々は必死に生き抜いた

？敗戦後，人々は何に一番悩んでいたのだろうか。

1 政党政治の復活

・合法政党になった日本共産党や，旧無産政党の流れをくみ，❶＿＿＿＿＿を基盤とする❷＿＿＿＿＿が活動を開始

・❸＿＿＿＿＿や日本進歩党など戦前の政党の地盤を継ぐ保守政党も相次いで結成されるが，GHQ の公職追放指令で打撃を受ける

・1946年4月，女性参政権を盛りこんだ新選挙法のもと，戦後初の総選挙で❸＿＿＿＿＿が第一党となり，第1次❹＿＿＿＿＿内閣が戦後初の政党内閣として成立

2 新憲法下の政治

・1947年4月の総選挙で❷＿＿＿＿＿が第一党になり，❺＿＿＿＿＿を首相とする❷・民主党・国民協同党の連立政権が生まれる

→❻＿＿＿＿＿を継続，❼＿＿＿＿＿や自治体警察の創設

・❺内閣は8カ月で退陣，続く民主党総裁の❽＿＿＿＿＿を首相とする連立政権も汚職事件で退陣し，「中道」路線は終焉→その後は保守政権が続く

3 経済と社会の混乱

・空襲被害などで鉱工業生産は戦前の3分の1以下に

・❾＿＿＿＿＿や❿＿＿＿＿＿など約630万人が海外から帰国し，人口と失業者が増加

→⓫＿＿＿＿＿に人々が殺到

・1946年5月，⓬＿＿＿＿＿に25万人が参加

・物価上昇や物不足のなか，日本銀行券の発行が急増し，猛烈なインフレーション(インフレ)がおこる

→幣原内閣の⓭＿＿＿＿＿の効果は一時的

・深刻なインフレと食料難のなかで労働運動が大きく発展し，ゼネラルストライキが計画されるがGHQの命令で中止(⓮＿＿＿＿＿)

4 占領下の文化

・思想の統制が解かれ，天皇制の批判も自由に。開放的なアメリカ文化が流入し，社会には解放感が広がるが，GHQ に対する批判はきびしく禁じられる

・戦前・戦中に主流だった国家主義の思想や学問は否定され，戦時中に弾圧された⓯＿＿＿＿＿などが復活

・1949年，物理学者の⓰＿＿＿＿＿が日本人としてはじめて⓱＿＿＿＿＿を受賞し，国民の明るい希望に

❻のヒント　石炭と鉄鋼に重点的に資金を投入する政策。

「中道」路線　保守にも急進にもかたよらないこと。日本社会党・民主党・国民協同党は中間的政党とみられ，❺・❽両内閣は中道政権とよばれた。

❾のヒント　陸・海軍人が動員を解除されることで，敗戦時に外地に約310万人，内地に約350万人の陸・海軍人がいた。

ゼネラルストライキ　労働者がいっせいにおこなう大規模なストライキ。

資料から考えてみよう

■図1　戦後インフレの進行

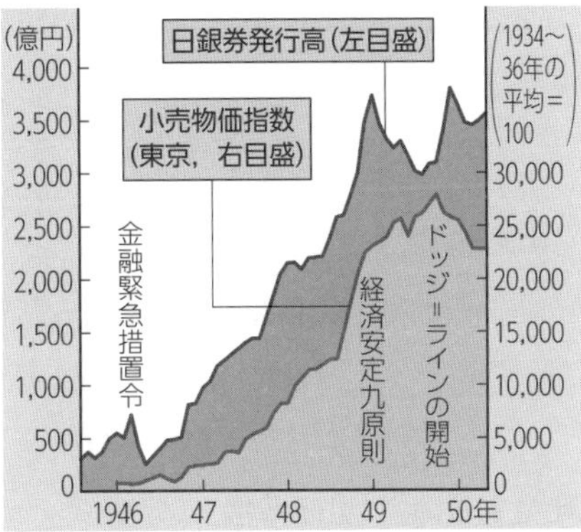

■図2　闇市の物価

品目	数量	闇値(円)	公定価格(円)
白米	1升	70	0.53
塩	1貫目	40	2.00
砂糖	1貫目	1,000	3.79

※大工の手間賃(1日)(1945年)　351円

問1　図1について，猛烈なインフレーションがおこった理由として，次のア～エから正しいものをすべて選び，記号で答えよう。　(　　　　)

ア．復員や引揚げで人口が増加し，失業者が急増し，食料不足が深刻となっていたため。

イ．空襲による被害で，工場や生産が壊滅していたため。

ウ．食料や生活必需品を求め，農村の人々が都市の闇市に殺到したため。

エ．極度の物不足のなか，日本銀行券の発行が激減したため。

問2　図2から考察し，闇値と公定価格の差がもっとも大きい品目ともっとも小さい品目をそれぞれ選び，記号で答えよう。　大きい品目(　　　)　小さい品目(　　　)

ア．白米　　イ．塩　　ウ．砂糖

問いにチャレンジ

①占領期に成立した政権の特色は，どのようなものだったのだろうか。

片山哲内閣・芦田均内閣について，「連立政権」「中道」「傾斜生産方式」「民主化」の語句を用いて説明してみよう。

②占領期の人々はどのようなことに希望をみい出していたのだろうか。

世界に知られた人物や，人気を集めたものをあげてみよう。

クイズ Q 戦後最初の総選挙の立候補者数は何人？　①770人　②1,770人　③2,770人

77 4 日本は新たな道を歩みはじめた

? 冷戦は日本の独立にどのような影響をもたらしたのだろうか。

❶のヒント　発足時は51カ国，2022年現在は193カ国が加盟している。本部はニューヨーク。

占領政策の転換　❺が深刻化するなかで，アメリカは日本を共産主義の防壁にするため，経済再建・政治の安定化・再軍備へと占領政策を転換させた。

⓳のヒント　アメリカの日本防衛義務は明示されておらず，対等な条約ではなかった。⓳にもとづいて，日米行政協定が結ばれた。

1 冷戦と東アジア

①「冷たい戦争(冷戦)」

・1945年10月，❶＿＿＿＿(国連)の発足

・米ソの対決姿勢が強まり，1949年，❷＿＿＿＿は東西に分断

・西側諸国は❸＿＿＿＿(NATO)を結成し，ソ連と東欧諸国は❹＿＿＿＿を結成

・国際社会は資本主義陣営(西側陣営)と社会主義陣営(東側陣営)に分断
→「冷たい戦争(❺＿＿＿＿)」とよばれる

②冷戦の東アジアへの広がり

・中国の内戦で中国共産党が勝利し，1949年10月，❻＿＿＿＿が成立
→中国国民党は❼＿＿＿＿に移り中華民国政府(国民政府)を維持

・朝鮮半島では1948年，北緯38度線を境に❽＿＿＿＿(北朝鮮)と❾＿＿＿＿(韓国)が成立

2 占領政策の転換

①占領政策の転換

・1948年12月，GHQ は❿＿＿＿＿の実施を指令。GHQ 顧問のドッジは超均衡予算の編成や１ドル＝360円の⓫＿＿＿＿の設定などを日本政府に示す(⓬＿＿＿＿)→インフレはおさえられるが，不況が深刻化

・アメリカの税制使節団の勧告(⓭＿＿＿＿)→税制改革を実施

②朝鮮戦争勃発(1950年６月)

・⓮＿＿＿＿勃発後，占領軍は国連軍として動員。日本はその出撃と補給の基地に→ GHQ は⓯＿＿＿＿の創設を指令

・日本経済は⓰＿＿＿＿により回復

3 講和と安保条約の成立

・全面講和を求める世論が高まるも，第３次吉田茂内閣は単独講和を選択

・サンフランシスコ講和会議(1951年９月)にて，日本は48カ国とのあいだに⓱＿＿＿＿を締結
→朝鮮の独立を認め，台湾・南樺太・千島列島を放棄。⓲＿＿＿＿や奄美，小笠原諸島はアメリカの施政権下に

・⓱とともに⓳＿＿＿＿(安保条約)が締結され，米軍の継続的な日本駐留を認める

資料から考えてみよう

問1　右の写真はサンフランシスコ平和条約の調印のようすである。中央でサインをしている当時の首相は誰か，答えよう。

(　　　　　　)

問2　単独講和に対して日本国内で展開された運動はどのようなものだったか，説明しよう。

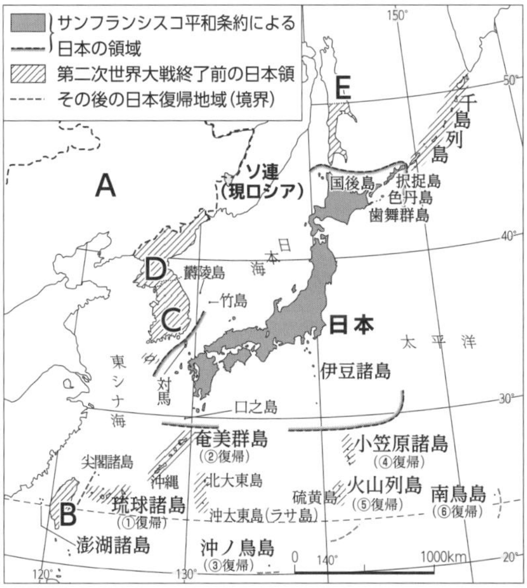

問3　次のア～ウの説明にあてはまるものを左の地図のＡ～Ｅから選び，記号で答えよう。

ア．毛沢東を主席とする国家の成立が宣言された。　(　　　)

イ．北緯38度線を境として分断された二国のうちの一つで，資本主義陣営に属した。　(　　　)

ウ．蔣介石率いる国民政府がアメリカと国交を結んだ。　(　　　)

問4　左の地図中の①～⑥はアメリカの施政権下に置かれたが，最後に日本に復帰したのはどこか，①～⑥から選び，記号で答えよう。　(　　　)

問いにチャレンジ

① GHQ が占領政策を転換したのはなぜだろうか。

当時の世界情勢や東アジア情勢の変化から考えてみよう。

②中国，朝鮮やソ連と平和条約を結ばなかったのはなぜだろうか。

戦前の関係性や，冷戦中の状況をふまえて考えてみよう。

朝鮮：

中国：

ソ連：

クイズQ 朝鮮戦争における特需景気の別名は？　①カンフル景気　②ハイテク景気　③いとへん景気

78　5 人々の平和や政治への意識が高まった

? 独立後の日本で人々は何をめぐって対立したのだろうか。

❸のヒント　制定のきっかけとしてデモ隊と警官隊が衝突し，多数の死傷者を出した第23回メーデー(血のメーデー事件)があげられる。

⑰のヒント　領土問題については棚上げされ，平和条約の締結後に歯舞群島及び色丹島は日本に引き渡すことが同意されたが，平和条約はいまだに締結されていない。

1 独立後の日本と平和運動の展開

①占領改革と民主化への反動

- 公職追放が解除→❶＿＿＿や❷＿＿＿らが政界に復帰
- 1952年，過激な政治運動を取りしまる❸＿＿＿が成立
- 1952年，警察予備隊が保安隊に改組→1954年，❹＿＿＿が締結され，陸海空からなる❺＿＿＿が発足

②いきわたった平和への意識

- ❻＿＿＿の展開…内灘事件(石川県)や砂川事件(東京)
- ❼＿＿＿(1954年)をきっかけに❽＿＿＿運動が組織され，広島で第1回❽世界大会開催(1955年)

2 55年体制の成立

- ❶＿＿＿内閣(日本民主党)は憲法改正と再軍備を掲げる
- ❾＿＿＿再統一(1955年)→護憲勢力である3分の1以上の議席を確保
- ❿＿＿＿(自民党)成立(1955年)…日本民主党と自由党が合流(⓫＿＿＿)
  →❿と❾の両党が第一党と第二党を占める⓬＿＿＿が形成

3 経済復興と国際社会への復帰

- 特需景気で日本経済は活気を取り戻し，1955～57年にかけての大型景気(⓭＿＿＿)により経済成長の軌道に乗る
- ⓮＿＿＿(国際通貨基金)，⓯＿＿＿(関税及び貿易に関する一般協定)に加盟→日本は自由貿易体制の一員に
- 東南アジア諸国との賠償交渉が開始→賠償協定が結ばれ，経済協力のかたちで経済進出
- ⓰＿＿＿(バンドン会議)(1955年)…日本を含む29カ国が参加→東西陣営から自立した第三世界の形成が提唱される
- ⓱＿＿＿調印(1956年)…ソ連と国交回復
  →日本は⓲＿＿＿に加盟

4 新安保条約と安保闘争

- ❷＿＿＿内閣は⓳＿＿＿(新安保条約)に調印(1960年)
  →条約に反対する運動(⓴＿＿＿)がおこる
  →1960年6月に⓳が国会で成立後，❷内閣総辞職

資料から考えてみよう

問1　左の写真について説明した次の文章の①～④の空欄にあてはまる語句を答えよう。

アメリカの①(　　　　　　　　　　)に日本の漁船②(　　　　　　　　　　)がまきこまれ，船員全員が放射性物質(「③(　　　　　　　　)」)を浴びて被曝し，うち1名が死亡した。この事件をきっかけに組織された④(　　　　　　　　)は，国民運動に発展した。

問2　下の写真について，次のア～ウの出来事を時系列順に並べ，記号で答えよう。

(　　　→　　　→　　　)

ア．女子学生が機動隊とのもみあいのなかで死亡した。

イ．政府が日米相互協力および安全保障条約の承認を強行採決した。

ウ．「空前の国会デモ」とよばれた統一行動に17万人が参加した。

問いにチャレンジ

①戦後の日本の平和運動はどのように展開したのだろうか。

運動の背景と，米軍基地反対運動・原水爆禁止運動それぞれの展開を説明してみよう。

②安保闘争が盛り上がったのはなぜだろうか。

当時の人々がなぜ反発したのか考えてみよう。

クイズQ 原水爆禁止運動で集まった日本国内の署名数は？　①200万以上　②1,500万以上　③3,400万以上

79

1 豊かなくらしとそのひずみ

? 高度経済成長期にどのような変化があったのだろうか。

寛容と忍耐　岸内閣の強硬姿勢を教訓にした「低姿勢の政治」をあらわしている。

❺のヒント　ヨーロッパ諸国を中心に日・米を含め38カ国の先進国が加盟し，別名「先進国クラブ」ともよばれる。

⓲のヒント　1993年の環境基本法の成立により，内容の大部分が引き継がれた形で廃止となった。

1 高度経済成長

・1950年代後半に景気が急上昇し，1956年の『経済白書』は「❶＿＿＿＿＿＿」と記す

・❷＿＿＿＿＿＿内閣は，「寛容と忍耐」をスローガンに「❸＿＿＿＿＿＿」を掲げる

→1958年からの好景気は42カ月持続（❹＿＿＿＿＿＿景気）

・太平洋ベルト地帯に産業や人口が集中

→1962年，全国各地に新産業都市を指定し，地域開発をすすめる

・貿易や資本の自由化につとめ，1964年，日本はIMF 8条国に移行し，❺＿＿＿＿＿＿（経済協力開発機構）にも加盟

・❻＿＿＿＿＿＿内閣のもとで長期の好景気（いざなぎ景気）

→1968年，❼＿＿＿＿＿＿（国民総生産）が資本主義経済諸国中第2位に

・❽＿＿＿＿＿＿の要因…❼比1％前後に軍事支出を抑制，IMF・GATT体制のもとでの貿易拡大，安定的に低コストで石油を確保，教育水準の高い若い❾＿＿＿＿＿＿，生産性と品質の徹底追求

2 都市と農村

・❽期，農村から都市へ人々が移動して都市は深刻な❿＿＿＿＿＿＿

・1964年の⓫＿＿＿＿＿＿にあわせ，⓬＿＿＿＿＿＿が開通（東京・大阪間）し，高速道路の建設がすすむ

→都市は急速に工業化したが，生活基盤の整備や福祉が立ち遅れる

・1961年，⓭＿＿＿＿＿＿の制定…農業経営の自立化を目標に農業の機械化がすすむ→都市への出稼ぎや工場労働者が増加し，専業農家は減少→農・山村の⓮＿＿＿＿＿＿

・貿易の自由化で農産物の輸入が増加→⓯＿＿＿＿＿＿の低下，農業人口の減少，兼業化をうながす

3 公害と環境破壊

・公害や環境破壊の深刻化…工場からの煤煙による⓰＿＿＿＿＿＿，工場の汚染物質の垂れ流しによる⓱＿＿＿＿＿＿，工場の煤煙や自動車の排気ガスなどによるスモッグ，自動車などによる騒音・振動

・公害訴訟や住民運動が高まり，❻内閣は1967年に⓲＿＿＿＿＿＿を制定し，1971年に⓳＿＿＿＿＿＿（現在の環境省）設置

・熊本水俣病，新潟水俣病，イタイイタイ病（富山県），四日市ぜんそく（三重県）の四大公害訴訟で原告側が勝訴

資料から考えてみよう

問1　次のア～カの業種は図1のA～Cのどれにあてはまるか，記号で答えよう。

ア．小売業(　　　　)　イ．鉱業(　　　　)

ウ．農業(　　　　)　エ．製造業(　　　　)

オ．漁業(　　　　)　カ．金融業(　　　　)

■図1　産業別就業者割合の推移

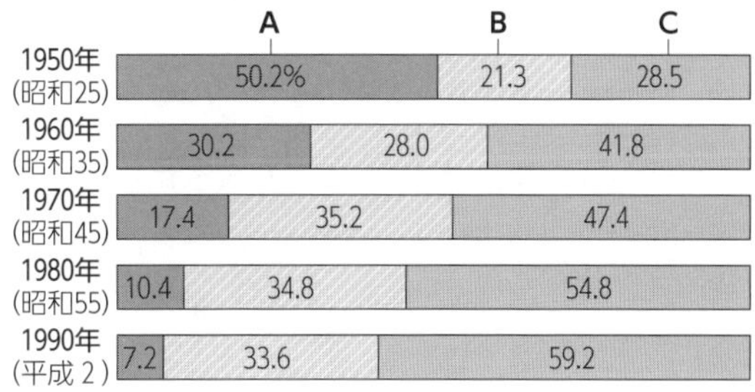

問2　図1から読み取れることについて，正しいものには○を，間違っているものには×を答えよう。

ア．Aは1950年にはもっとも割合が大きかったが，1990年では全体の10％以下になっている。(　　　　)

イ．都市への出稼ぎや工場労働者が増え，Bの割合は1950～1990年にかけて伸び続けている。(　　　　)

ウ．Cの割合は伸び続けており，1950～1990年の間で一番伸び率が大きい。(　　　　)

問いにチャレンジ

①高度経済成長を成しとげることができた要因について，政治・経済・国際情勢の側面から考えてみよう。

当時の内閣がおこなった政治・経済政策や，国際情勢から考えよう。

政治・経済：

国際情勢：

②高度経済成長のなかで生じた社会のひずみについて考えてみよう。

1　高度経済成長期の都市と農村の変化についてそれぞれ考えてみよう。

都市：

農村：

2　当時の公害や環境破壊の原因についてまとめてみよう。

クイズQ　開業時の東海道新幹線の2等車(普通車)の東京―大阪間の金額は？　①2,480円　②8,300円　③14,720円

80 2 豊かさと中流意識 3 新たな戦争にまきこまれた

? 高度経済成長期に，人々のくらしや文化はどのように変化したのだろうか。

1 マスメディアと文化

①文化の大衆化

・1960年頃から，娯楽の中心がラジオと映画から❶＿＿＿＿へ

→野球や相撲の実況放送(野球の❷＿＿＿＿や相撲の❸＿＿＿＿の活躍)，歌謡番組，ホームドラマが人気を集める

・週刊誌ブームがおこり，❹＿＿＿＿らの漫画も広く読まれる

・文学では松本清張らの推理小説や歴史小説が人気を得る一方，❺＿＿＿＿や❻＿＿＿＿の純文学が発表される

❺❻のヒント　❺は1968年，❻は1994年に，それぞれノーベル文学賞を受賞した。

②国際的なイベントの開催

・1964年に東京オリンピック，1970年に❼＿＿＿＿(大阪万博)が開催され，戦後の日本の復興を世界にアピールした

2 中流意識と大量消費

・耐久消費財の普及…1950年代後半に白黒テレビ・電気洗濯機・電気冷蔵庫の「❽＿＿＿＿」が普及し，1960年代後半からは自家用車・カラーテレビ・クーラーの❾＿＿＿＿が普及

・くらしは豊かになり，レジャーの余裕が生まれる。コマーシャルが消費意欲をあおり，大量生産にもとづく❿＿＿＿＿に

・所得格差が小さくなり，国民は画一的な生活スタイルの中で「⓫＿＿＿＿」を意識するように

⓫のヒント　「国民生活に関する世論調査」にて「中の上」「中の中」「中の下」のいずれかへの回答が1970年代に９割に達した。

3 平和共存の動きとベトナム戦争

? ベトナム戦争は日本にどのような影響を与えたのだろうか。

・平和共存の動き…1950年代，米ソの対立がやわらぐ(「⓬＿＿＿＿」)が，1960年代に緊張が高まる→1962年の⓭＿＿＿＿後，米ソは平和共存をすすめ，部分的核実験禁止条約(1963年)，⓮＿＿＿＿(1968年)が調印されるなど核軍縮がすすむ

・⓯＿＿＿＿…1965年，アメリカは北ベトナムへ爆撃(北爆)を開始→戦争は泥沼化し，世界各地で反戦運動が盛り上がる

4 日韓国交正常化と沖縄返還

・1965年，佐藤内閣は⓰＿＿＿＿を結び韓国と国交樹立

→韓国を朝鮮半島にある唯一の合法的政府と認める

・⓯＿＿＿＿の激化とともに，⓱＿＿＿＿の祖国復帰運動が活発に

→⓲＿＿＿＿を掲げる佐藤内閣のもと，小笠原諸島の返還(1968年)と⓱＿＿＿＿の日本復帰(1972年)が実現

⓲のヒント　核兵器を持たず，作らず，持ち込ませずという三原則であり，日本の国是である。

資料から考えてみよう

問1　図１から読み取れることや関連する事象について，次のア～エから正しいものをすべて選び，記号で答えよう。　（　　　　　　　　）

ア．もっとも早く普及率が60％を超えたのは電気洗濯機である。

イ．テレビの普及に影響を与えたことの一つにミッチーブームがあげられる。

ウ．1980年の段階では乗用車の普及率は50％を超えていない。

エ．普及率がもっとも緩やかなのはルームエアコンである。

■図１　耐久消費財の普及

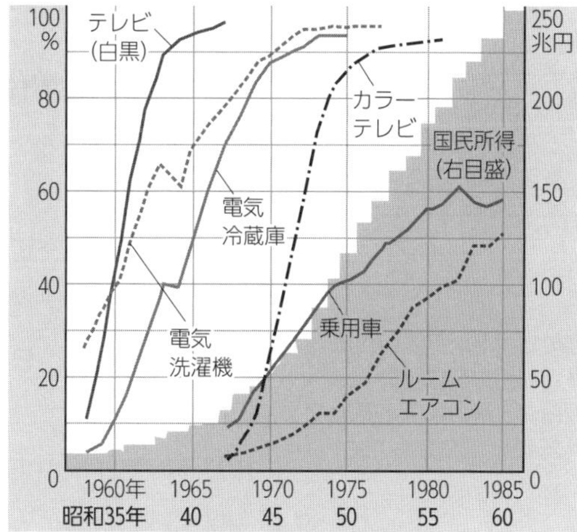

問2　耐久消費財の普及によって人々の生活はどう変化したか，説明しよう。

問3　次のア～ウは，それぞれ図２のＡ～Ｃのどの景気の時期にあてはまるか選び，記号で答えよう。

ア．「もはや戦後ではない」(『経済白書』)　（　　　）

イ．日本万国博覧会の開催　（　　　）

ウ．池田勇人内閣の登場　（　　　）

■図２　実質経済成長率の推移

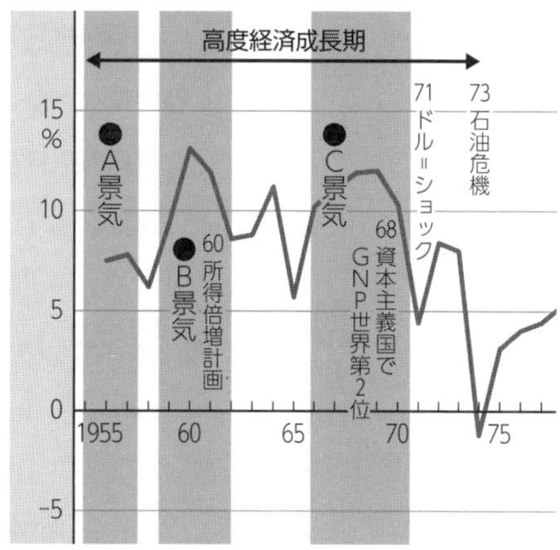

問いにチャレンジ

①高度経済成長期に新しく登場したものをあげてみよう。

新しく登場して人気を集めた娯楽や耐久消費財を考えてみよう。

②アメリカはなぜ沖縄を日本に返還することにしたのだろうか。

アメリカ，沖縄それぞれの状況を考えてみよう。

クイズQ　戦後，日本人の海外旅行が解禁されたのはいつ？　①1951年　②1956年　③1964年

81 1 高度経済成長が終わりをむかえた 2 国民の消費生活が多様化した

?「2つの危機」は政治と経済をどのように変えたのだろうか。

❹のヒント　円は1973年2月14日に❹に移行し，翌日の為替相場は1ドル＝264円へと急騰した。

⓬のヒント　日本の援助総額は1990年代に世界第1位だったが，2021年には世界第3位となっている。

?高度経済成長後の消費生活や家族はどのように変化したのだろうか。

⓰のヒント　商品を大量に仕入れて安価に販売すること。

⓳のヒント　夫婦とその子どもからなる。

1 日中国交正常化と石油危機

・1971年7月，アメリカの❶＿＿＿＿大統領が中国訪問を発表

・1972年に❷＿＿＿＿首相が訪中，❸＿＿＿＿に調印→国交正常化が実現

・1971年8月，❶大統領は金とドルの交換停止を発表→1ドル＝360円の固定相場制は終わり，日本も1973年に❹＿＿＿＿に移行→❺＿＿＿＿(ドル＝ショック)による円高

・1973年の第4次中東戦争により，アラブ諸国は原油価格引き上げ，輸出制限→日本経済全体に大打撃(❻＿＿＿＿(オイル＝ショック))→1974年，経済成長率は戦後はじめてマイナスに(高度経済成長の終焉)

2 自民党政権の揺らぎ

・❷内閣の「❼＿＿＿＿」…公共土木事業への積極的な財政支出政策→❻と重なり，急激なインフレ(❽＿＿＿＿)

・1974年に❷首相は退陣し，その後，❾＿＿＿＿で逮捕→三木武夫内閣の1976年の総選挙で，自民党ははじめて単独過半数を割る

3 サミットと地域協力

・先進諸国は，1975年から毎年❿＿＿＿＿(サミット)を開き，国際協調と貿易の拡大につとめる

・1978年，福田赳夫内閣は⓫＿＿＿＿に調印

・大平正芳内閣は1979年のイラン革命と第2次❻に対応，⓬＿＿＿＿(政府開発援助)や民間企業の直接投資が増加し，アジア諸国と協力

4 「経済大国」化

・2度の❻克服のため，⓭＿＿＿＿の努力がすすむ

・1970年代末，日本は世界のGNPの1割を占める「⓮＿＿＿＿」に→アメリカ向けの自動車輸出が多く，⓯＿＿＿＿が発生

5 消費生活の多様化

・1960年代から⓰＿＿＿＿がおこり，スーパーマーケットや⓱＿＿＿＿が登場

・1960年代には⓲＿＿＿＿が普及

6 家族と教育

・高度経済成長期に⓳＿＿＿＿が増加，進学率が上昇

・女性の急速な社会進出を背景に，1985年，⓴＿＿＿＿公布→職場での男女差別解消はなかなか進展せず

資料から考えてみよう

①最初のヘッドフォンステレオ(1979年)
ソニーグループ提供

②家庭用ゲーム機(ファミリーコンピュータ，1983年発売)

③カップ麺(1971年発売)
日清食品提供

問1　上の①～③が発売された時期に最も近い出来事を選び，番号で答えよう。

ア．イラン革命と第2次石油危機

イ．アメリカのニクソン大統領が金とドルの交換停止を発表　　ウ．男女雇用機会均等法の公布

①(　　　　)　②(　　　　)　③(　　　　)

問2　1970年・80年代に，進学熱の高まりがもたらしたものを3つ以上答えよう。

問いにチャレンジ

①国際社会における日本の役割はどのように変化したのだろうか。

先進国の一員，アジアの一員としての役割をそれぞれ考えてみよう。

先進国の一員として：

アジアの一員として：

②石油危機を克服するために日本はどのような取り組みをおこなったのだろうか。

省エネルギーに向けた，企業の努力について考えてみよう。

③人々の生活はどのように便利になったのだろうか。

流通革命と食生活に注目して考えてみよう。

クイズQ ロッキード事件に関連して当時流行した言葉は？　①記憶にございません　②バカヤロー　③忖度

82　3 日本と世界は大きく変動した

？冷戦の終結は国内政治にどのような影響を与えたのだろうか。

1 戦後政治の総決算

・❶＿＿＿＿内閣は「戦後政治の総決算」を掲げて行財政改革に取り組み，電電公社・専売公社・❷＿＿＿＿の民営化などを実施
・歴史教科書問題などをめぐって日中・日韓関係にはきしみが生じる

2 経済の国際化とバブル経済

・1985年に先進5カ国蔵相会議(G5)が開催され，ドル安・円高に誘導することで合意(❸＿＿＿＿)
・円高の影響…輸出の抑制と輸入の促進による国内消費の増加，日本企業の工場の海外進出増，日本人海外旅行者の急増，外国人労働者の増加
・金融機関や企業のだぶついた資金が土地と株に投資され景気が拡大(❹＿＿＿＿)→1990年代前半に❹は崩壊し，長期の不況へ

❹のヒント　1989年12月29日，日経平均株価は史上最高の3万8,915円87銭を記録した。

3 冷戦の終結と湾岸戦争

・1970年代前半，米ソ間の❺＿＿＿＿(緊張緩和)がすすむが，1979年にソ連がアフガニスタンに侵攻
→米ソは再び緊張状態に(「❻＿＿＿＿」)
・1981年に就任したアメリカの❼＿＿＿＿大統領はソ連との対決姿勢を強め，国内の経済政策では市場の動きや民間の経済活力に委ねる
・1985年，❽＿＿＿＿がソ連共産党書記長に就任し，ペレストロイカ(改革)をすすめる
・1987年，米ソは❾＿＿＿＿調印
・東ヨーロッパで民主化運動が高まる(東欧革命)
・1989年，ベルリンの壁崩壊→翌年，❿＿＿＿＿が統一
・1989年，米ソ首脳がマルタ島での会談で⓫＿＿＿＿に終止符を打つ
・1991年，ソ連の各共和国は独立して，その多くが独立国家共同体(⓬＿＿＿＿)を結成→ソ連は解体
・1990年，イラクがクウェートに侵攻→1991年，アメリカを中心とする多国籍軍が派遣され，イラク軍に勝利(⓭＿＿＿＿)

❻のヒント　アメリカは1980年夏のモスクワオリンピックのボイコットを決定し，日本もこれにならった。

❾のヒント　2019年，アメリカのトランプ大統領とロシアのプーチン大統領のもと，条約は失効した。

⓭のヒント　日本は多国籍軍に130億ドルの資金援助をおこなったが，戦後，クウェート政府が米紙に出した支援国向けの感謝広告に日本の名はなかった。

4 55年体制の崩壊

・竹下登内閣…⓮＿＿＿＿導入とリクルート事件への批判で退陣
・宮沢喜一内閣のもと，1992年，国連平和維持活動協力法(⓯＿＿＿＿)成立→自衛隊を⓰＿＿＿＿へ派遣
・1993年，自由民主党が総選挙で単独過半数を割り込み，非自民8党派による⓱＿＿＿＿内閣が誕生(⓲＿＿＿＿の崩壊)

資料から考えてみよう

問1　中曽根康弘内閣では右の写真のように民営化がすすめられた。次のア～エのうち中曽根内閣で民営化されたものにあてはまらないものを選び，記号で答えよう。（　　　）

ア．専売公社　　イ．国鉄

ウ．電電公社　　エ．郵政公社

問2　問1の内閣の時期の出来事として正しいものを一つ選び，記号で答えよう。（　　　）

ア．湾岸戦争が勃発し，多国籍軍がイラク軍に勝利した。

イ．先進5カ国蔵相会議が開かれ，プラザ合意がなされた。

ウ．米ソ首脳がマルタ島で会談し，冷戦に終止符を打った。

エ．税制改革として消費税が導入された。

問3　問1の内閣の時の日米関係について説明しよう。

問いにチャレンジ

①1980年代の経済の国際化は，日本にどのような影響をもたらしたのだろうか。

1　プラザ合意が国内にもたらした影響をまとめよう。

2　バブル経済がおこった理由を考えてみよう。

②なぜ「55年体制」は崩壊したのだろうか。

長期にわたる自民党政権に国民はどのような印象をもっていたか，考えよう。

クイズQ バブル期に流行した料理はどれ？　①中華料理　②フランス料理　③イタリア料理

83　4 混迷する政治と経済

？ 冷戦終結後の国際社会で日本が果たすべき役割はどのようなものだろうか。

1 自民党政権の復活

・細川護熙内閣，羽田孜内閣が短命に終わり，❶＿＿＿＿＿＿の村山富市を首相とする自民・社会・新党さきがけの３党連立政権が誕生

・55年体制での対立軸は解体，保守二大政党制が期待されるが，政界再編はすすまず，1996年に❷＿＿＿＿＿＿による単独政権が復活

2 平成不況

・バブル経済崩壊後の長引く不況（❸＿＿＿＿＿＿）を企業は事業の整理やリストラで対応→深刻な雇用不安と国内消費の冷えこみで不況は長期化

・1990年代後半，バブル経済崩壊により発生した❹＿＿＿＿＿＿をかかえた金融機関の経営破綻が相次ぐ

3 安全保障問題と政権交代

①小泉純一郎内閣（2001年４月成立）

・「聖域なき構造改革」を掲げ，❺＿＿＿＿＿＿などの改革をすすめる

・2001年９月の❻＿＿＿＿＿＿（９・11事件），2003年３月からの❼＿＿＿＿＿＿に対し，後方支援や復興支援のため，自衛隊をインド洋やイラクへ派遣

・2002年９月，小泉首相が❽＿＿＿＿＿＿を訪問し，日本人拉致問題が進展するが，全面的な解決には至っていない

日本人拉致問題　❽との会談後，日本政府が拉致被害者と認定した17名中，５名が帰国した。

②政権交代

・2009年８月の総選挙で❷大敗，❾＿＿＿＿＿＿の鳩山由紀夫内閣に政権交代→沖縄の普天間基地移転問題や東日本大震災の対応をめぐり支持率低下

・2012年12月の総選挙で自民党勝利→第２次❿＿＿＿＿＿＿内閣成立→限定的な集団的自衛権の行使を可能とする⓫＿＿＿＿＿＿を成立させたほか，2016年から選挙権を⓬＿＿＿＿＿＿歳に引き下げる

4 グローバル化する世界のなかで

・近隣諸国との課題に取り組みながら，⓭＿＿＿＿＿＿や，⓮＿＿＿＿＿＿（APEC）などのアジア・太平洋地域の枠組み，諸地域との経済的連携強化が重要

・国連は「⓯＿＿＿＿＿＿（SDGs）」を掲げて，2030年までに持続可能な社会の実現をめざす

・2020年，⓰＿＿＿＿＿＿の世界的な感染拡大

・紛争や難民，貧困，地球温暖化，環境破壊，感染症，テロ，災害などの諸問題→「⓱＿＿＿＿＿＿」の視点で対処していくことが重要

⓮のヒント　21の国・地域で構成。世界人口の約４割，貿易量の約５割，GDPの約６割を占める。

⓯のヒント　地球上の「誰一人取り残さない（leave no one behind）」ことを誓っている。

資料から考えてみよう

問1　これは，国連が掲げる「持続可能な開発目標」の17のゴールである。英語の略称では何というか，答えよう。　（　　　　　　　　）

問2　17のゴールのうち１つを選び，自分ができることを考えてみよう。

ゴール：	できること：

問いにチャレンジ

①1990年代以降の政治はどのように推移したのだろうか。

政権の交代という点から考えてみよう。

②グローバル化時代の安全保障問題を考えるうえで重要なことは何だろうか。

1　グローバル化時代の諸問題には何があるか，考えてみよう。

2　次の文章は，問題解決に向けて重視されるある視点を説明している。空欄にあてはまる語句を考えてみよう。

（　　　　　　　　　　　　　）とは，人間一人ひとりに着目し，生存・生活・尊厳に対する広範かつ深刻な脅威から人々を守り，それぞれの持つ豊かな可能性を実現するために，保護と能力強化を通じて持続可能な個人の自立と社会づくりを促す考え方。（外務省）

クイズQ　2022年度のSDGs達成度ランキングの日本の順位は？　①４位　②９位　③19位

84　5 変容する社会のなかで

? 現代の日本社会がかかえている問題は何だろうか。

1 安全神話の崩壊と災害

・安全神話の崩壊…❶＿＿＿＿（1995年１月），オウム真理教信者による地下鉄サリン事件（1995年３月）

・2011年３月，三陸沖を震源地とする❷＿＿＿＿が発生
→津波によって福島第一原子力発電所でメルトダウン（炉心溶融）がおこり，大量の放射性物質が放出→❸＿＿＿＿への信頼が揺らぐ

2 「格差社会」の進展

・1990年代後半から❹＿＿＿＿の割合増加→若年層ではパート・アルバイトなど❺＿＿＿＿が急増

・1999年に❻＿＿＿＿が改正され，派遣社員や契約社員が急増

・「勝ち組」「負け組」という言葉の流行や「年越し派遣村」の開設…「❼＿＿＿＿」を象徴

3 家族形態の変化

・1990年代以降，❽＿＿＿＿が急速に進行し，「限界集落」が増加

・❾＿＿＿＿の割合の増加…性別役割分担の変化，未婚者の増加

・❿＿＿＿＿が急速にすすみ，人口の大幅な減少が予測される

・家族形態の多様化…⓫＿＿＿＿といわれる人々の戸籍や婚姻をめぐる問題，夫婦別姓をめぐる問題など

❽のヒント　総人口に占める65歳以上の割合は2023年９月段階で29.1%。

❿のヒント　2022年の出生数は77万759人。

4 ネットワークの可能性と課題

①ネットワークの発展と生活スタイルの変化

・1990年代以降，コンピュータ・情報通信分野の著しい進歩
→パソコン普及率は，2006年に世帯当たりで80%をこえ，⓬＿＿＿＿利用率は，2002年に80%をこえる

・携帯電話の普及…2000年に固定電話を上回り，現在では⓭＿＿＿＿が急速に普及

・⓬の普及→情報収集能力が高まり，⓮＿＿＿＿（ソーシャルネットワーキングサービス）によりコミュニケーションのあり方も大きく変化

②なぜ歴史を学ぶのか

・ネットワークを通じて瞬時に⓯＿＿＿＿とつながる時代…異なる国籍や信条，宗教の人々と接する機会が増加
→歴史を学び，グローバルな視野を身につけ，⓰＿＿＿＿を認めあいながら共生する社会をめざしていくことが求められる

資料から考えてみよう

問1　右の家族形態の変化を示したグラフについて，1960年と2010年を比較し，ア～ウの世帯の割合が2010年に増えていれば「＋」，減っていれば「－」を答えよう。

ア．単身世帯　　（　　　）

イ．夫婦と子どもの世帯　（　　　）

ウ．その他の世帯　　（　　　）

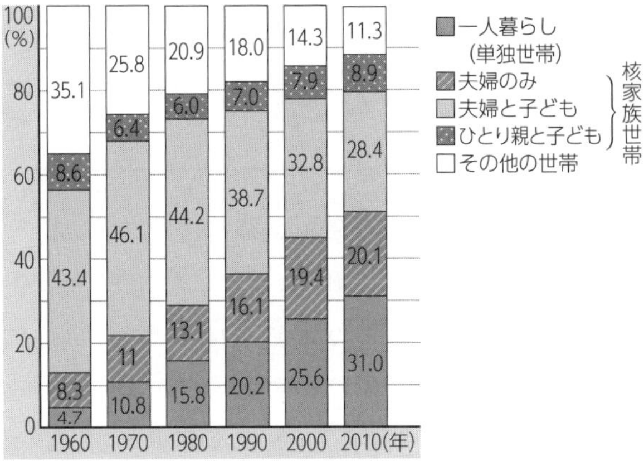

問2　問1のような家族形態の変化の背景には，どのような社会の変化があるか，考えよう。

問3　左の写真も参考にし，2020年に新型コロナウイルスが拡大した際，生活面にどのような変化がおこったか，ふりかえろう。

問いにチャレンジ

①1990年代以降の2度の震災を通じて，日本社会はどのように変化したのだろうか。

阪神・淡路大震災と東日本大震災，それぞれの震災を通じての変化について考えてみよう。

阪神・淡路大震災：

東日本大震災：

②バブル崩壊後の不況を乗り切る過程で生じた問題は何だろうか。

雇用における変化について，次の語句を使用して考えられるものをあげてみよう。

【非正規雇用　若年層　派遣業種　中高年労働者】

クイズQ　同性カップルを自治体が認めるパートナーシップ制度を最初にはじめたのはどこ？
①三重県伊賀市　②東京都渋谷区・世田谷区　③沖縄県那覇市

85 第４章　チェックポイント②

①1927年からはじまった金融恐慌時の内閣総理大臣。…………………………（　　　　　　　　　　）
②浜口雄幸内閣が金本位制を復活させるためにおこなった政策。…………（　　　　　　　　　　）
③田中義一内閣が３回にわたっておこなった中国への武力干渉。…………（　　　　　　　　　　）
④改正された治安維持法の最高刑。……………………………………………（　　　　　　　　　　）
⑤1930年に開かれた会議で調印され，統帥権干犯問題の原因となった条約。（　　　　　　　　　　）
⑥関東軍の石原莞爾らが計画し，満洲事変の契機となった事件。…………（　　　　　　　　　　）
⑦五・一五事件で海軍青年将校らに射殺された内閣総理大臣。……………（　　　　　　　　　　）
⑧皇道派の青年将校らが1936年におこしたクーデタ。…………………………（　　　　　　　　　　）
⑨張学良がおこして第２次国共合作のきっかけとなった事件。……………（　　　　　　　　　　）
⑩日中戦争の契機となった，日本軍と中国軍の武力衝突。……………………（　　　　　　　　　　）
⑪重慶の国民政府に対抗した，親日の新国民政府の首班。……………………（　　　　　　　　　　）
⑫刑法学説が国家を破壊する危険な思想であるという理由で京都帝国大学を休職処分となった人物。
……………………………………………………………………………………（　　　　　　　　　　）
⑬第１次近衛文麿内閣が戦争協力を促すために1937年から展開した運動。（　　　　　　　　　　）
⑭首相を総裁とし，町内会・隣組などを下部組織とし，全国民を国に協力させた官製の組織。
……………………………………………………………………………………（　　　　　　　　　　）
⑮1939年５月におこった関東軍とソ連・モンゴル連合軍との衝突。………（　　　　　　　　　　）
⑯アメリカ・イギリス・オランダなどによる対日経済封鎖の呼称。………（　　　　　　　　　　）
⑰太平洋戦争開戦時の内閣総理大臣。…………………………………………（　　　　　　　　　　）
⑱1942年６月におこり日本軍が制海・制空権を失う契機となった戦い。（　　　　　　　　　　）
⑲サイパン島陥落後，B29爆撃機によりおこなわれるようになった攻撃。（　　　　　　　　　　）
⑳中等学校以上の学生・生徒による工場労働。………………………………（　　　　　　　　　　）
㉑アジアを解放して共存共栄の秩序を建設するという，戦争の目的とされた構想。
……………………………………………………………………………………（　　　　　　　　　　）
㉒朝鮮民族固有の文化を否定し，徹底して日本に同化させた政策。………（　　　　　　　　　　）
㉓アメリカ・イギリス・中国の名で発表され，日本に無条件降伏をよびかけ，戦後処理の方針を勧告した宣言。……………………………………………………………………（　　　　　　　　　　）
㉔1945年にアメリカ軍が上陸し，住民をまきこんだ地上戦。………………（　　　　　　　　　　）
㉕1945年８月６日に原子爆弾が投下された都市。……………………………（　　　　　　　　　　）
㉖太平洋戦争終結時の内閣総理大臣。…………………………………………（　　　　　　　　　　）
㉗ GHQ の正式名称。……………………………………………………………（　　　　　　　　　　）
㉘ GHQ から五大改革の指令を受けた内閣総理大臣。…………………………（　　　　　　　　　　）
㉙六・三・三・四制の新しい学校制度を定めた法律。…………………………（　　　　　　　　　　）

㉚昭和天皇が自らの神格を否定し，新日本の建設を宣言したもの。……（　　　　　　　　）

㉛日本国憲法で平和主義を規定している条文。……………………………（　　　　　　　　）

㉜地方行政や警察を支配し，地方自治法の制定で廃止された省庁。……（　　　　　　　　）

㉝戦後初の衆議院総選挙で当選した女性議員数。………………………（　　　　　　　　）

㉞石炭・鉄鋼など基礎的産業部門に資金や資源を重点的に割りあてる政策。

……………………………………………………………………………（　　　　　　　　）

㉟片山内閣と芦田内閣がすすめた保守にも急進にもかたよらない路線。（　　　　　　　　）

㊱日本人としてはじめてノーベル賞を受賞した物理学者。……………（　　　　　　　　）

㊲１ドル＝360円の単一為替レートの設定など,経済安定九原則の具体策。（　　　　　　　　）

㊳朝鮮戦争を機に日本の治安維持のためGHQが創設を指令したもの。（　　　　　　　　）

㊴マーシャル諸島ビキニ環礁付近でのアメリカの水爆実験で被曝した船。（　　　　　　　　）

㊵自由民主党と日本社会党が第一党と第二党を占めた政治体制。………（　　　　　　　　）

㊶鳩山一郎内閣が調印してソ連との国交が回復した条約。……………（　　　　　　　　）

㊷岸信介内閣がすすめた日米新安保条約に，反対する運動。…………（　　　　　　　　）

㊸「寛容と忍耐」をスローガンに「所得倍増」を掲げた内閣総理大臣。……（　　　　　　　　）

㊹農業構造改善をはかり農業経営の自立を目標にした法律。…………（　　　　　　　　）

㊺1970年に大阪で開催され，参加77カ国，入場者数は6,400万人をこえたイベント。

……………………………………………………………………………（　　　　　　　　）

㊻1962年に生じた米ソの核戦争の危機。…………………………………（　　　　　　　　）

㊼非核三原則を掲げ，沖縄の日本復帰を実現した内閣総理大臣。………（　　　　　　　　）

㊽田中角栄首相が調印し，日中国交正常化を実現した条約。…………（　　　　　　　　）

㊾田中前首相が逮捕された航空機納入をめぐる贈収賄事件。…………（　　　　　　　　）

㊿商品を大量に仕入れて安価に販売する流通システムの変化。…………（　　　　　　　　）

(51)高度経済成長のころから増えた，夫婦とその子どもからなる家族。…（　　　　　　　　）

(52)三公社民営化を実施し，アメリカと友好関係を築いた内閣総理大臣。（　　　　　　　　）

(53)先進５カ国蔵相会議で合意されたドル安・円高への誘導。……………（　　　　　　　　）

(54)55年体制を崩壊させ，非自民８党派を率いた内閣総理大臣。……………（　　　　　　　　）

(55)「聖域なき構造改革」を掲げた小泉純一郎内閣がおこなった民営化。…（　　　　　　　　）

(56)第２次安倍内閣で成立,限定的な集団的自衛権行使を可能とする法律。（　　　　　　　　）

(57)国連が掲げ，2030年までに持続可能な社会の実現をめざす目標。……（　　　　　　　　）

(58)2011年３月，東北地方と関東地方の太平洋沿岸部を中心に甚大な被害をもたらした災害。

……………………………………………………………………………（　　　　　　　　）

(59)パート・アルバイトなどのフリーターに代表され，1990年代後半から割合が増えた雇用形態。

……………………………………………………………………………（　　　　　　　　）

(60)コンピュータ端末としての機能を強化し，急速に普及している電話。（　　　　　　　　）

(61)新型コロナウイルスの感染を防ぐため，相手との距離を一定間隔開ける試み。

……………………………………………………………………………（　　　　　　　　）

86 第４章　章末問題

1　開国から半世紀の日本の対外的な動きを中心に示した次の年表を見て，下の問いに答えよ。

年代	おもな出来事
1854	①日米和親条約調印
1858	②日米修好通商条約調印
1868	戊辰戦争開始，(　A　)公布
1871	廃藩置県，③日清修好条規調印
1873	岩倉使節団の帰国，明治六年の政変
1874	国会開設を求める(　B　)提出
	台湾出兵
1875	樺太・千島交換条約調印
1876	④日朝修好条規調印
	秩禄処分

年代	おもな出来事
1877	西南戦争
1879	琉球藩を廃し，沖縄県設置
1885	内閣制度，天津条約調印
1889	(　C　)発布
1894	⑤日清戦争開始
1895	⑥下関条約調印，三国干渉
1900	義和団戦争
1902	⑦日英同盟協約締結
1904	日露戦争開始
1905	ポーツマス条約調印，日比谷焼打ち事件

問１　年表中の(　A　)〜(　C　)に入る適語を答えよ。知・技

A(　　　　　　)　B(　　　　　　)　C(　　　　　　)

問２　下線部①について，日本が開国する時期の東アジアの国際情勢を説明せよ。思・判・表

問３　下線部②について，この条約に定められた，日本に不利な取り決めを２つあげよ。知・技

(　　　　　　　　)(　　　　　　　　)

問４　下線部③の条約での日清と，下線部④の条約での日朝の関係について説明せよ。思・判・表

問５　下線部⑤について，この結果，敗戦した清はどのような状態に置かれたか，説明せよ。思・判・表

問６　下線部⑥の条約で認められた次のうち，三国干渉で日本が返還を要求されたものを選べ。知・技

a　朝鮮の独立　　b　遼東半島の割譲　　c　賠償金２億両　　d　台湾の割譲　(　　　)

問７　下線部⑦について，この同盟を結ぶことによる日英それぞれの利点は何か，説明せよ。思・判・表